via reise verlag
NACHHALTIG REISEN

Klaus Scheddel • Maja Kunze

FISCHLAND DARß ZINGST

MIT GRAAL-MÜRITZ

Symbole

via Tipp Lieblingsorte unseres Autors Klaus Scheddel

1 Sehenswertes

1 Übernachten

1 Essen & Trinken

Hotels in der Hauptsaison (DZ)

€	bis 100 Euro
€€	bis 160 Euro
€€€	über 160 Euro

Inhalt

Stralsund

Stralsund

Stralsund
Graal-Müritz

Das gibt es nur auf Fischland-Darß-Zingst

Urwald trifft Traumstrand

Kilometerlange Sandstrände auf der einen, schilfumkränzte Boddenbuchten auf der anderen Seite umschließen Fischland-Darß-Zingst. Dazwischen liegen weite Wiesen, Weiden und ein echter Urwald. Die Halbinsel Fischland-Darß-Zingst ist ein einzigartiges Naturidyll. In die liebliche Landschaft zwischen Meer und Bodden schmiegen sich malerische Dörfer und schmucke Badeorte.

Wildromantisch & windumtost

Der 14 Kilometer lange Darßer Weststrand ist von urwüchsiger Schönheit. Schneeweißer Sand, hier und da angespültes Treibgut, türmt er sich zu Dünen auf vor einer Kulisse windzerzauster, grotesk verformter Kiefern. Weit und breit kein Haus, keine Straße, nur wenige Menschen. Der Horizont scheint hier viel weiter als anderswo. Fast fühlt man sich wie Robinson Crusoe, hingeworfen an einen einsamen Strand (▸ Seite 76).

Zeesboote

Ursprünglich für den Fischfang in den flachen Boddengewässern gebaut, schippern die majestätischen Holzboote mit den rostbraunen Segeln heute vor allem Besucherinnen und Besucher durch die idyllische Boddenlandschaft (▸ Seite 24). Ein tolles Erlebnis!

Räucherhaus Althagen

Am verträumten Hafen von Althagen liegt das Räucherhaus. In dem urig-maritimen Lokal werden nicht nur Fischgerichte, herzhafte Speisen und frisch gezapftes Bier aus der hauseigenen *Fischland Brauerei* serviert. Hier kann man sich vom Inhaber Andreas Schönthier auch auf Segeltörns mit den stilechten, liebevoll gepflegten Zeesbooten mitnehmen lassen (▸ Seite 54).

Künstlerdorf Ahrenshoop

Vom Fischerdorf mit Malerkolonie zum Urlaubsort der Bohème: Die bildschöne Lage zwischen Stranddünen und malerischer Boddenküste lockt seit über 150 Jahren kunstsinnige Menschen nach Ahrenshoop. Bei alledem hat der Ort trotz hochkarätigem Kunstmuseum, etlichen Galerien und Kunsthandwerkerateliers seine dörfliche Atmosphäre bewahrt. Bis heute führen einige krumme, sandige Wege an reetgedeckten Häusern in bunten Bauerngärten vorbei – fast so wie auf den Bildern der Maler und Malerinnen, die man im Kunstmuseum bestaunen kann (▸ Seite 48).

Märchenhaft

Der 50 Quadratkilometer große, vor allem aus Mischwald und Farnen bestehende Darßwald ist ein geschützter Urwald im Naturpark Vorpommersche Boddenlandschaft. An seinem Rand wachsen Kiefern auf Dünen so, wie der Küstenwind sie formt. Die uralten, knorrigen Buchen im Innern scheinen hier schon immer zu stehen, nasse Erlenbruchwälder wirken geheimnisvoll und still. Erschlossen wird der Wald durch ein Netz von Wander-, Rad-, Reit- und Kutschwegen.

Romantik am Bodden

Zwei Boddendörfer wie aus dem norddeutschen Bilderbuch: Born und Wieck wirken auch in der Hochsaison wie abgeschiedene Siedlungen abseits des Touristenstroms. Viele Häuser haben reich verzierte Haustüren, die Darßer Türen. In Ufernähe schimmert das Wasser des Boddens durchs schilfbewachsene Ufer (▸ Seite 60/66).

Die Autoren

Der Reisebuchautor und -verleger **Klaus Scheddel** ist vom Fischland-Fieber angesteckt und streift regelmäßig über die Halbinsel.

Die freie Redakteurin **Maja Kunze** kennt und liebt die Ostseeküste seit ihrer Kindheit.

Land & Leute

Vorn die Ostsee, hinten der Bodden, dazwischen eine Handvoll Dörfer, Wälder, Wiesen und Weiden. Das Leben auf der Halbinsel Fischland-Darß-Zingst ist seit Jahrhunderten von der Lage am Wasser geprägt.

▼ *Treibholz, umgestürzte und vom Wind gepeitschte Kiefern sind typisch für den spektakulären Darßer Weststrand*

Fischland-Darß-Zingst heute
Naturidyll mit Traumstränden

Können sich Tourismus und Naturschutz vertragen? Auf dem Darß, wie die gesamte Halbinsel der Einfachheit halber auch genannt wird, funktioniert das seit 1990 ganz gut. Damals wurden große Teile der Halbinsel zum Naturpark erklärt – trotzdem besuchen mehr und mehr Menschen das halbe Eiland.

Um das Einzigartige der fast 60 Kilometer langen, sichelförmigen Halbinsel zu verstehen, hilft ein Blick in ihre Entstehungsgeschichte: Ursprünglich waren Fischland, Darß und Zingst drei einzelne Inseln. Durch Naturkatastrophen und die Schließung von Flutrinnen wuchsen sie im Lauf der Zeit zusammen (▸ Seite 12).

Von der Eiszeit geprägt und unablässig Wind und Meer ausgesetzt, findet sich auf Fischland-Darß-Zingst eine der vielseitigsten Küstenlandschaften Deutschlands. Die schmale Landzunge bietet eine einmalige Mischung aus Flach- und Steilufern, Stränden und Dünen, Buchten, Nehrungen, Wäldern und Wiesen. Die flachen Boddengewässer säumen dichte Schilfgürtel, in denen seltene Vogelarten zahlreich Schutz finden.

Auf den vorgelagerten Inseln und Salzgraswiesen findet alljähr-

Boote schaukeln im Hafen von Althagen am Bodden

lich im Frühjahr und Herbst ein Naturschauspiel der besonderen Art statt: Rund 45 000 Kraniche und viele andere Zugvögel machen dann auf ihrem Flug nach Süden oder Norden hier Rast. Damit dieses Naturschauspiel und die Landschaft in ihrer Ursprünglichkeit erhalten bleiben, wurde 1990 der Nationalpark Vorpommersche Boddenlandschaft eingerichtet (▸ Seite 16). Im Nationalpark dürfen bestimmte Flächen nicht betreten werden. Naturbeobachtungsorte wie der Zingster Pramort sind nur zu Fuß oder mit dem Fahrrad zu erreichen.

Neben dieser ursprünglichen Natur bieten 50 Kilometer lange, weiße Sandstrände viel Platz für Sonnen- und Badehungrige sowie Wassersportler.

Leben am Meer

Viele Jahrhunderte waren Fischland, Darß und Zingst Heimat von Fischern und Seefahrern. Bis heute prägen reetgedeckte Fischerkaten, die meist in satten, bunten Farben gestrichen sind, sowie Kapitänshäuser mit bunt bemalten Türen die Orte.

Ende des 19. Jahrhunderts entdeckten Künstler den malerischen Küstenabschnitt. Kurz darauf kamen auch die ersten Badegäste. Der Badetourismus entwickelte sich seitdem zur wirtschaftlich wichtigsten Einnahmequelle für die Region. Das ist bis heute so geblieben. Trotzdem ist Fischland-Darß-Zingst ein Ziel für naturnahe Ferien. Hier kann man ebenso herrlich baden und Wassersport betreiben wie wandern und Rad fahren.

Fischland-Darß-Zingst

Geografische Lage: Sichelförmige Halbinsel, die nördlich der Kleinstädte Ribnitz-Damgarten und Barth die Darß-Zingster Boddenkette von der Ostsee trennt
Länge: ca. 60 km
Länge der Strände: ca. 50 km
Boddengewässer: knapp 200 km^2
Höchste Erhebung: Bakelberg (ca. 18 m) bei Ahrenshoop
Einwohner: 8 860 (mit dem Vorland des Fischlandes 10 460)
Gemeinden: Darß, Prerow, Zingst. Ebenfalls dazu gezählt wird Dierhagen, das im Vorland des Fischlandes liegt.
Nächste Kleinstädte: Ribnitz-Damgarten und Barth
Nächste größere Städte: Rostock (ca. 50 km entfernt) und Stralsund (ca. 45 km)
Zugänge vom Festland: aus Richtung Westen über die Bäderstraße von Ribnitz-Damgarten, aus Richtung Osten über die Meiningenbrücke von Barth
Erschließung: Die gut ausgebaute Bäderstraße führt zu allen Dörfern auf der Halbinsel.
Wirtschaft: Der Tourismus ist der bedeutendste wirtschaftliche Faktor. Außerdem: Land- und Fischereiwirtschaft.

Sanfter Tourismus

In den Jahren seit dem Zusammenbruch der DDR hat sich der Tourismus an der gesamten Ostseeküste Mecklenburg-Vorpommerns prächtig entwickelt. Die Seebäder wurden hübsch renoviert, viele neue, oft hochwertige Quartiere sind entstanden, eine vorbildhafte touristische Infrastruktur wurde geschaffen. Das gilt auch für den Darß – mit ein paar Besonderheiten: So bildet der 1990 noch von der Übergangsregierung der DDR geschaffene Nationalpark Vorpommersche Boddenlandschaft eine Schutzzone für die Natur, die nicht nur die Ostseeküste und die Boddengewässer zwischen Darß und Rügen umfasst, sondern auch den großen Darßwald im Zentrum der Halbinsel. Hier wird die Natur im Wesentlichen sich selbst überlassen – und darf doch überwiegend von Touristen zu Fuß, mit dem Fahrrad oder Pferd auf den vorhandenen Wegen durchkreuzt und bewundert werden.

Durch die Einrichtung des Nationalparks konnte auch der fantastisch schöne Darßer Weststrand so erhalten werden, wie er seit Jahrhunderten ist: wild, windumtost und von urwüchsiger Schönheit.

Leben in den Darßdörfern

Der Nachteil an diesem, vom Naturschutz bestimmten Tourismuskonzept: Es gibt nur relativ wenig Platz für die Erweiterung der Dörfer. So sind, mit Ausnahme des Seebades Zingst, wo viel gebaut wurde, die Kapazitäten der Dörfer begrenzt.

Das ist aber durchaus im Sinne vieler Einwohner auf der Halbinsel. Mehr Tourismus muss nicht sein, meinen sogar die Touristiker in den Kurverwaltungen. Im Künstlerdorf Ahrenshoop wird das Dilemma am sichtbarsten: Ahrenshoop ist in den letzten 25 Jahren immer schöner und beliebter geworden, die Quartiere immer teurer. Bis auf den Bau des Hotels *The Grand*, das auf dem Grundstück des abgerissenen Kurhauses errichtet wurde, gab es aber seit Jahren keine größeren Neubauprojekte mehr. Gerade in Ahrenshoop, an der Engstelle zwischen Ostsee, geschützter Natur und Bodden, fehlt der Platz dafür.

Das wiederum kann auch zum Problem für die Einwohner selbst werden. So beklagte sich ein alteingesessener Ahrenshooper in der lokalen Ausgabe der Ostsee-Zeitung, dass seine erwachsenen Kinder die Halbinsel verlassen müssten – sie fänden hier keine Wohnung.

Konflikte gibt es auch zwischen Tourismuswirtschaft und Naturschützern auf der einen und Landwirten auf der anderen Seite: Letztere möchten ihre Höfe modern und effizient bewirtschaften, wozu bei den konventionellen Betrieben Monokulturen und auch der Einsatz von Pflanzenschutzmitteln gehört. Das verträgt sich nicht gut mit dem Image der Halbinsel als geschützte Naturlandschaft.

Doch davon bekommen die Gäste der Halbinsel kaum etwas mit. Sie können sich einfach nur an der fantastischen Landschaft, den hübschen Dörfern, den weiten Stränden an der Ostsee und den stillen Winkeln am Bodden erfreuen.

Im Frühjahr blüht auf dem Darß vielerorts der Raps

Landschaft & Natur
Werden, Wachsen und Vergehen

Fischland-Darß-Zingst zählt zu den wenigen urwüchsigen Naturlandschaften Mitteleuropas: Auf engstem Raum findet sich hier die gesamte Vielfalt der Flora und Fauna des südlichen Ostseeraumes.

Die Insellandschaft Fischland-Darß-Zingst begann sich vor etwa 10 000 Jahren zu formen, als die gewaltigen Gletscher der letzten großen Eiszeit abschmolzen. Beim Abtauen lagerten die Eismassen Geröll und Gesteinsblöcke ab und bildeten Abflussrinnen wie das Recknitztal südlich von Ribnitz-Damgarten. Zurück blieb eine abwechslungsreiche Landschaft, durchzogen von Grund- und Endmoränen. Später stieg der Meeresspiegel, überflutete die Küstengebiete und ließ Erhebungen zu Inselkernen werden: **Hohes Fischland** im Westen, der **Altdarß** sowie die flachen Inseln in der Mitte des **Zingst** am östlichen Ende.

Landschaft in Veränderung

Fischland lag zu dieser Zeit noch doppelt so hoch über dem Meeresspiegel wie heute. Doch an seiner Außenküste wirkte die Kraft von Wind und Wasser. Sand, Ton und Kies von Strand und Steilufer wurden im Lauf der Jahrtausende abgetragen, wan-

Der konstante Wind am Weststrand lässt die Kiefern zur Seite wachsen

derten mit der Strömung am Ufer entlang und lagerten sich schließlich an den nordöstlichen Rändern als Sandbänke und Sandhaken wieder an. Innerhalb vieler Jahrhunderte verlandeten die Durchlässe zwischen den Inseln und aus **Fischland** und **Darß** wurde im 15. Jahrhundert eine Halbinsel. Die Insel **Zingst,** durch die Mündung des Prerowstroms noch abgetrennt, kam erst 1872 durch Sandlawinen infolge eines Sturmhochwassers hinzu. Der Bereich zwischen der Halbinsel und der eigentlichen Festlandküste wurde so fast völlig vom offenen Meer abgeschnitten – die **Bodden** entstanden.

Heute sind die Außenküsten von Fischland, Darß und Zingst vollständig zusammengewachsen. Doch die Küstenlandschaft verändert sich weiter. So verliert das Fischland jedes Jahr durch Abtragungsvorgänge einen halben Meter seiner Küste. Ohne Küstenschutz in Form von Buhnen, Steinwällen und Deichen oder der Bepflanzung der Stranddünen mit Strandhafer wären die schmalen Stellen der Nehrungen zwischen Dierhagen und Wustrow sowie zwischen Ahrenshoop und dem Altdarß längst durchbrochen.

Anders an der Nordküste: Hier wächst die Dünenlandschaft zwischen Darßer Ort und Prerow durch Sandanlandung jährlich um etwa zehn Meter (▸ Seite 59). Und am östlichen Ende von Zingst bestimmen Sandhaken das Bild: Das sind ins Wasser ragende und durch Sandanlandung wachsende Landzungen.

Naturparadies Darßwald

Im Herzen der Halbinsel breitet sich der 50 Quadratkilometer große Darßwald aus, der einschließlich großer Teile der Boddengewässer seit 1990 zum Nationalpark Vorpommersche Boddenlandschaft (▸ Seite 16) gehört. In ihm haben viele Tiere ihre Heimat, die in anderen Regionen äußerst selten geworden oder sogar ausgestorben sind: Seeadler, Schwarzstorch, Fischotter und Hermelin, Schlingnatter und Kreuzotter, um nur einige von ihnen zu nennen. Auch Rehe, Hirsche, Wildschweine und Füchse kann man im Darßwald antreffen. Recht versteckt leben dort Dachs, Iltis, Stein- und Baummarder. Auch Marderhunde, die ursprünglich aus Osteuropa stammen, gibt es im Darßwald.

In den Mischwäldern sind circa 20 Baumarten heimisch. Eine Besonderheit ist die an feuchteren Stellen vorkommende Stechpalme (Ilex). Hier wachsen auch viele Orchideenarten wie Frauenschuh und Purpurknabenkraut, die genauso geschützt sind wie der seltene Sonnentau in sumpfigen Gegenden. Dort, wo Wald und Dünen ineinander übergehen, wachsen Strandhafer und Strandnelke, zudem die vom Aussterben bedrohten Pflanzen Meerkohl und Stranddistel.

Das landschaftliche Highlight aber ist der an den Darßwald angrenzende urwüchsige Weststrand (▸ Seite 76). Der weiße Sandstreifen ist durch Einflüsse von Stürmen und Brandung geprägt. Eindrucksvoll sind die auf den Dünen thronenden windschiefen Rotbuchen, auch *Windflüchter* genannt, die von den rauen Westwinden verformt wurden.

Salzwiesen & Uferschnepfen

Sehr besonders sind auch die Salzwiesen und Wattflächen auf dem Zingst: Die sundische Wiese, die Werderinseln und das Windwatt östlich des Zingst sind ein idealer Lebensraum für Salzpflanzen sowie Wasser- und Watvogelarten. Im Frühjahr und Herbst bietet sich ein faszinierendes Schauspiel, wenn zehntausende Kraniche auf ihrer Zugroute hier einen Schlafplatz finden (▸ Seite 103).

Auf den Vogelschutzinseln Kirr und Oie im Barther Bodden finden Brutvögel wie Zwergmöwe, Uferschnepfe, Kampfläufer, Löffelente oder Säbelschnäbler ihr Revier. In den breiten Röhrichten am Ufer (ein Röhricht ist ein Biotop, das bestimmte Arten von Flachwasser- und Uferpflanzen beherbergt) brüten viele versteckt lebende Vögel wie Rohrsänger und Rohrweihe.

Zander & Flunder

In den flachen, von der Ostsee abgetrennten Boddengewässern leben über 40 verschiedene Fischarten, darunter Zander, Barsche und Meerforellen. Zu ihrem Schutz ist der Fang heute nur noch in festgelegten Zonen mit traditionellen Stellnetzen und Reusen gestattet.

In der Ostsee selbst tummeln sich unter anderem Dorsch, Flunder, Kliesche und Scholle ebenso wie Hornhecht und Sandgrundel. Leider sind manche Bestände durch Überfischung und Umwelteinflüsse bedroht (▸ Seite 26). Vor der Küste leben auch Meeressäuger wie Robben, Seehunde und Schweinswale.

Sanddorn
Zitrone des Nordens

Der dornige Strauch mit den orangeroten Früchten wächst auf dem sandigen Boden am Rand der Ostseedünen.

Dank des hohen Vitamin-C-Anteils wird Sanddorn auch als „Zitrone des Nordens" bezeichnet. Allerdings enthalten Sanddornbeeren bis zu viermal soviel Vitamin C wie Zitronen. Den Sanddornfrüchten wird eine gesundheitsfördernde und schützende Wirkung zugeschrieben: So sollen sie unter anderem entzündungshemmend wirken und den Cholesterinspiegel senken.

Sanddornsträucher wachsen auch auf kargen Böden, gern am Rand von Sanddünen. Ihre Wurzeln dringen tief in den Boden ein. Dadurch sind sie auch hilfreich, um der Bodenerosion entgegenzuwirken. Die Pflanze benötigt viel Licht und Sonne und fühlt sich deshalb an der Ostsee mit ihren weiten Stranddünen wohl.

Der Strauch blüht von März bis Mai. Die Ernte, das sogenannte „Melken", bei dem der Saft durch ein mühseliges Verfahren direkt am Strauch gepresst wird, erfolgt im Herbst.

Aus der Vitaminbombe werden Säfte, Nektar, Tee, Marmeladen, Mus und sogar Hochprozentiges wie Liköre zubereitet, die in Läden der Region angeboten werden. Der herbe, leicht säuerliche Geschmack ist allerdings gewöhnungsbedürftig.

Im Herbst leuchten an der Küste die orangefarbenen Beeren des Sanddorns

Nationalpark Vorpommersche Boddenlandschaft
Ein Glücksfall für die Ostseeküste

Der 1990 noch von der DDR-Regierung eingerichtete Nationalpark Vorpommersche Boddenlandschaft ist mit einer Fläche von 805 Quadratkilometern der größte Ostsee-Nationalpark. Er umfasst ausgedehnte Flachwasser- und Küstenbereiche zwischen Darß, Zingst, Hiddensee und der Westküste von Rügen.

Der größte Teil besteht aus einer Wasserfläche von 651 Quadratkilometern. Landflächen nehmen im Vergleich nur einen geringen Anteil von 118 Quadratkilometern ein. Dafür gibt es viele landschaftliche Besonderheiten wie Windwatten, Küstenüberflutungsmoore und Salzwiesen, stellenweise säumen breite Brackwasserröhrichte die Boddenufer. Sandhaken, Dünen und Strandwälle sowie der sichtbar auf einer Strandwalllandschaft entstandene **Darßwald** bilden verschiedene Ökosysteme und bieten ideale Lebensräume für unzählige Tiere und Pflanzen. So hat der Nationalpark neben seiner einzigartigen Vegetation auch als **Vogelschutzgebiet** große Bedeu-

Der urwüchsige Darßwald wird an manchen Stellen zum Moor

tung. Bemerkenswert ist die zunehmende Zahl an Seehunden, Robben und Schweinswalen in den offenen Gewässern der Ostsee.

Die Erhaltung, Pflege und Wiederherstellung der Leistungsfähigkeit des Naturhaushaltes – und diesen dem Menschen erlebbar zu machen – sind Anliegen der Schutzmaßnahme. Dazu wurde der Nationalpark in zwei Schutzklassen untergliedert. Gebiete, die schon heute einen naturnahen Zustand aufweisen, wurden als **Schutzzone I,** sogenannte Kernzonen, ausgewiesen – alle anderen vorerst als **Schutzzone II.**

Während man die Kernzonen vollständig den Launen der Natur überlässt, soll in den anderen Gebieten durch naturverträgliches Wirtschaften langfristig die natürliche Entwicklung der Landschaften gefördert oder ihr jetziger Zustand erhalten werden. In der Schutzzone I dürfen die ausgewiesenen Wege nicht verlassen werden. Hunde müssen übrigens im gesamten Nationalpark an die Leine, damit seltene Tiere nicht aufgeschreckt werden.

Die Nationalparkverwaltung befindet sich in Born. Die **Informationszentren** in Wieck (Darßer Arche) und der Sundischen Wiese sowie das Natureum am Leuchtturm Darßer Ort veranschaulichen die naturkundlichen Besonderheiten und bieten öffentliche Führungen an. Zudem hat die Nationalparkverwaltung viele Kilometer ausgeschilderte Rad- und Wanderwege eingerichtet sowie Besucherplattformen, die dazu einladen, die Naturbesonderheiten selbst zu entdecken.

Teile des Darßer Strandes werden besonders geschützt

Fischland-Darß-Zingst im Lauf der Zeit

Um 5 000 v. Chr.

Der Meeresspiegel steigt durch das Abschmelzen des skandinavischen Festlandgletschers. Die Grundmoränenlandschaft wird überflutet, aus Erhebungen entstehen die Inselkerne Fischland, Darß und Zingst.

Um 4 000 v. Chr.

Jäger und Sammler der mittleren Steinzeit ziehen in der Gegend um Dierhagen, Fischland und Altdarß umher. Das belegen viele Beile, Pfeilspitzen und andere Feuersteinwerkzeuge, die dort gefunden wurden.

Um 3 500 v. Chr.

Zahlreiche Funde aus der Jungsteinzeit zeigen, dass der eiszeitliche Kern des Fischlandes um den heutigen Ort Wustrow schon früh durch germanische Stämme besiedelt war.

375–800 n. Chr.

Die germanischen Stämme verlassen in der Zeit der Völkerwanderung das Land und ziehen in Richtung Süden. Slawische Stämme (Obotriten, Ranen und Wilzen) lassen sich in der dünn besiedelten Region nieder. Aus dieser Zeit datieren zahlreiche Wall- und Burganlagen, die teils noch rudimentär vorhanden sind wie die Hertesburg bei Prerow. Auch Ortsnamen wie Wustrow, Prerow, Zingst und Ribnitz sind slawischen Ursprungs.

9.–12. Jahrhundert

Heinrich der Löwe unterwirft im 12. Jahrhundert die Obotritenfürsten und erobert damit Mecklenburg. So beginnen die deutsche Besiedlung und Christianisierung des Fischlands und des Recknitztals. Waldemar von Dänemark zerstört 1168 die slawische Tempelburg bei Arkona auf der Insel Rügen und überlässt die Herrschaft über Darß, Zingst und das Barther Land den Slawen unter seiner Oberhoheit.

13. Jahrhundert

Mit der Festigung der deutschen Herrschaft setzt die Einwanderung deutscher Siedler ein. Neben den slawischen Orten werden deutsche Siedlungen gebaut. Barth, Damgarten, Ribnitz und Marlow entstehen als Burgsiedlungen mit Märkten und großen, trutzigen Kirchen als Ausdruck neuer Macht und neuen Glaubens in der Zeit um 1250.

1292

Zisterziensermönche kaufen von Wizlaw II. von Rügen die Insel Zingst. Sie entwässern und roden die Insel, um anschließend Ackerhöfe zu errichten. Die Erschließung zieht Siedler nach, in Prerow wird nach 1296 die erste Kirche gebaut.

1325

Nach dem Tod von Wizlaw II. gehen die Ländereien von Barth, Darß und Zingst in den Besitz des Wolgaster Pommernherzogs über. Dessen

Zingst um 1890

Erbstreitigkeiten mit dem Mecklenburger Fürstenhaus führen zu den Rügenschen Erbfolgekriegen. Als deren Ergebnis erhalten die Mecklenburger den Darß und Zingst.

14. Jahrhundert

Ab dem 14. Jahrhundert entwickeln sich Handel, Seefahrt und auch Piraterie. So setzt das mecklenburgische Herzoghaus bei den Stadträten von Rostock und Wismar trotz ihrer Zugehörigkeit zur Hanse durch, dass sie Kaperbriefe auf skandinavische Schiffe erlassen. Damit wird Piraterie legalisiert. Seeräuber nutzen die Bodden der Inseln als Unterschlupf, verkaufen in Ribnitz die erbeuteten Schätze und versorgen sich dort mit Proviant. Doch die Hanse rächt sich bitterlich: 1392 schlägt eine Stralsunder Flotte in der Ribnitzer See die adligen Piraten und richtet sie mitsamt ihren Mannschaften hin. Die Stadt Ribnitz wird bestraft, indem die Wasserläufe Permin (1394) und Loop (1400) verschlossen werden und so die Stadt ihre Seezugänge verliert.

Ab 1520

In Mecklenburg und Pommern verbreitet sich die lutherische Lehre. 1534 wird für Pommern und 1549 für ganz Mecklenburg der protestantische Glaube als Landesreligion eingeführt.

17. Jahrhundert

Während des Dreißigjährigen Krieges (1618–1648) werden Städte und Dörfer verwüstet, die Zahl der Bewohner sinkt um ein Drittel. Zugleich wüten Pest und Hungersnot.

1648–1815

Als Ergebnis des Westfälischen Friedens wird Vorpommern schwedisch. Die Halbinsel steht somit bis zur

Postkarte vom Strand-Restaurant in Zingst um 1900

mecklenburgischen Grenze südlich von Ahrenshoop unter schwedischer Herrschaft. Mit der schwedischen Verwaltung setzt sich die Leibeigenschaft durch. Ribnitz und das Fischland kommen 1669 in den Besitz der mecklenburgischen Herzöge.

18./19. Jahrhundert

Die Segelschifffahrt entwickelt sich zum Haupterwerbszweig der Bewohner. Werften entstehen und bringen der Region einiges an Geld ein. So werden zum Beispiel in Prerow 1783 neben 2027 Leibeigenen auch 836 Freie gezählt – ein Ausdruck von relativem Wohlstand. Aus den vorher auf Landwirtschaft und Fischerei beschränkten Orten werden wohlhabende Schiffersiedlungen, was an den Kirchen und den Kapitänshäusern besonders in Wustrow und Born auch heute noch zu sehen ist.

1815

Der Wiener Kongress beendet die schwedische Herrschaft. Die Inseln gehen an Preußen.

Ab 1870

Mit der Ablösung der Segelschifffahrt durch dampfbetriebene Schiffe bricht die Konjunktur der Inselschiffer zusammen. Viele See- und Schiffszimmerleute suchen Arbeit in Hamburg und lassen ihre Familien daheim. Um dem sinkenden Wohlstand entgegenzuwirken, beginnen die Bewohner in den Gründerjahren ihre Häuser Fremden zu öffnen. Das erste *Bade-Comité* wird in Prerow gebildet (1880), ein Jahr später auch in Zingst. Damen- und Herrenbäder werden getrennt voneinander errichtet. 1913 entsteht das erste Familienbad.

1872

Eines der schwersten Sturmhochwasser der Geschichte fordert zahlreiche Menschenleben und verursacht verheerende Schäden in der ganzen Region. Als Folge versandet auch die letzte Verbindung zwischen Bodden und Ostsee, der Prerowstrom.

1910

Anschluss von Zingst und Prerow an das Eisenbahnnetz über die Meiningenbrücke nach Barth. Der Badetourismus boomt.

Ab 1937

Zingst wird Wehrmachtsstandort und KdF-Bad. Östlich der Gemeinde entsteht eine Garnison. In der Sundischen Wiese entstehen eine Flaklehreinheit und ein Bombenabwurfsgelände. Der Zweite Weltkrieg bringt den Urlauberverkehr zum Erliegen.

Ab 1945

Die Rote Armee besetzt das Gebiet. Es kommt zur Aufteilung des Großgrundbesitzes und zur Bildung des Landes Mecklenburg-Vorpommern (ab 1947 nur noch Mecklenburg genannt). Die Darßbahnstrecke wird als Reparationsleistung entsprechend dem Potsdamer Abkommen demontiert. 1947 erfolgt die endgültige Einstellung des Bahnbetriebes.

1952

Die DDR-Länder werden in Bezirke aufgeteilt. Die gesamte Halbinsel gehört zum Bezirk Rostock.

Ab 1950

Fortführung des Tourismus unter dem DDR-Regime. 1953 werden in der *Aktion Rose* auf Betreiben der SED viele private Hotels und Pensionen enteignet und dem Gewerkschaftsbund FDGB zugeschlagen, der von nun an den Feriendienst dominiert.

Ab 1960

In den 1960er-Jahren entsteht eine Vielzahl von Kinderferienlagern und Betriebsferienheimen.

1990

Große Teile von Fischland-Darß-Zingst, des Bodstedter und des Barther Boddens werden zum Nationalpark erklärt und renaturiert.

Ab 1990

Der Tourismus entwickelt sich zur Haupterwerbsquelle auf Fischland-Darß-Zingst.

Mai 2011

Inbetriebnahme des ersten deutschen Off-Shore-Energieparks vor der Küste der Halbinsel. Sehr gut von Prerow und Zingst aus zu sehen.

September 2013

Das Kunstmuseum Ahrenshoop wird eröffnet.

2023

Geplante Eröffnung des neuen Inselhafens an der Spitze der Seebrücke in Prerow.

Architektur
Reetdächer & Kapitänshäuser

Die Geschichte von Fischland, Darß und Zingst ist die Geschichte von Fischerei, Seefahrt und Tourismus. Dies spiegelt sich auch in der Architektur wider.

Über Jahrhunderte hinweg bauten sich die Bauern und Fischer schlichte, mit Schilfrohr (niederdeutsch *Reet* genannt) gedeckte Lehmfachwerkhäuser, die je nach Wohlstand des Hausherren mit Putz oder Backstein verblendet wurden.

Die aufwendigste Form war das **Niederdeutsche Hallenhaus,** das vermutlich durch Siedler aus Niedersachsen im 13. Jahrhundert in die Region gebracht wurde. Bei dieser bäuerlichen Hausform waren Mensch und Tier, Gerätschaften sowie die Ernte unter einem Dach versammelt. Typisch sind die niedrigen Fachwerkwände, das hohe Rohrdach mit Giebel und ein großes Holztor. Nur noch wenige dieser Häuser sind im Original erhalten. Einige davon stehen heute im Freilichtmuseum Klockenhagen (▸ Seite 120).

Mit dem Wandel von der Bauernwirtschaft zur Seefahrt verbreitete sich ein neuer Haustyp. Die reetgedeckten Gebäude wurden nun mit der langen Seite zur Straße hin gebaut.

Ein Haus der Region mit typischem Schilfrohrdach und bemalter Haustür

Darßer Haustüren

Ein farbenfrohes Überbleibsel aus der Zeit, als die Darßer als Seeleute die Welt bereisten, sind die auffälligen bunten Haustüren in den Darßdörfern. Oft zeigen sie volkstümliche Motive wie den Lebensbaum oder das Ei, die beide ein Sinnbild für Lebensenergie sind. Das Kreuz soll Böses abwehren und der Anker zeigt die Verbundenheit mit der Seefahrt, während die aufgehende Sonne für eine glückliche Heimkehr der Seefahrer steht. Die Dächer vieler Häuser werden von **Giebelzeichen** geziert, oft Pferdeköpfe, maritime Symbole oder Schmuckornamente.

Mit dem Wohlstand, den die Segelschifffahrt den Schiffern einbrachte, entstanden ab der Mitte des 17. Jahrhunderts die ersten **Kapitänshäuser**. Diese Häuser waren meist größer als die anderen Gebäude und zudem weiß gestrichen. Sie hatten ein voll ausgebautes Dachgeschoss und meist ein rotes Ziegeldach. Dadurch unterschieden sie sich deutlich sowohl von den blau gestrichenen Steuermannshäusern als auch von den reetgedeckten Lehmziegelbauten der ärmeren Dorfbevölkerung.

Zu Beginn des 20. Jahrhunderts erlebte die Halbinselkette einen wirtschaftlichen Aufschwung durch den boomenden Badetourismus. Architektonisches Kennzeichen hierfür sind meist weiße Hotel- und Pensionsbauten mit Holzbalkonen oder Glasveranden. Auch zahlreiche der Kapitänshäuser erhielten einen verglasten Vorbau.

Lebendige Traditionen

Zeesboote & Tonnenabschlagen

Das gibt es nur rund um Fischland-Darß-Zingst: Hölzerne Boote mit rostbraunen Segeln und ein Pferderennen, bei dem die Reiter auf Holztonnen einschlagen.

In den Boddenhäfen von Fischland-Darß-Zingst können die historischen **Zeesboote** (auch Zeesenboote genannt) bestaunt werden. Typisch für die großen Holzboote sind die rostbraunen Segel. Die Farbe stammt von Fetten und Holzteer, womit die Segel getränkt und haltbar gemacht werden.

Bis in die 1950er-Jahre waren Zeesboote in der Küsten- und Boddenfischerei im Einsatz. Ihren Namen verdanken sie dem seitlich ausgeworfenen, großen Schleppnetz, der *Zeese*, was im Altdeutschen „großer Sack" bedeutet. Das bis zu 25 Meter lange Netz wurde über den Bodden- und Küstengrund gezogen. Heute haben nur noch zwei Fischer in der Region das Recht, mit ihren Zeesbooten diese besondere Art der Fischerei zu betreiben. Die meisten der erhaltenen Zeesboote schippern heute Touristen über den Bodden.

Ein besonderes Schauspiel sind die Zeesbootregatten, die alljährlich vor allem in Barth, Dierhagen, Wustrow, Born, Zingst und Ribnitz-Damgarten stattfinden und Tausende von Besuchern anziehen. Dieser Brauch wurde 1965 von dem Bodstedter Eckhardt Rammin ins Leben gerufen, ohne dessen Engagement es heute vielleicht gar keine Zeesboote mehr geben würde. Viele der registrierten Boote können auch auf der ältesten Regatta in Bodstedt (▸ Seite 113) bewundert werden.

Zeesboote wurden früher zum Fischfang auf dem Bodden eingesetzt

Tonnenabschlagen

Ein ungewöhnliches Volksfest ist das Tonnenabschlagen, das alljährlich im Sommer in den Dörfern auf dem Fischland und Darß gefeiert wird. Dabei handelt es sich um einen Wettstreit zu Pferd, bei dem eine Schar junger Reiter im vollen Galopp versucht, mit einem Knüppel eine am Seil hängende Holztonne zu zerschlagen. Sieger und somit Tonnenkönig ist, wer das letzte Stück der geschundenen Tonne vom Haken schlägt.

Vor dem eigentlichen Fest begleiten Musikkapellen die Reiter mit ihren geschmückten Pferden beim Umzug durch den Ort. Am Abend wird der frisch gekürte Tonnenkönig beim Tonnenball feuchtfröhlich gefeiert. Zudem begleiten den Wettkampf volkstümliche Aktivitäten wie Karussells, Buden und Tanzdarbietungen.

Der Ursprung des Brauchs hängt wahrscheinlich mit dem Abzug der Schweden im Jahr 1815 zusammen. Damit war die Zeit der Tribute, also auch der Abgabe von Heringen in Holzfässern, zu Ende. Aus Freude darüber sollen die Fischer die Heringsfässer zerschlagen haben.

Buchtipp: Das kleine Buch der Darßer Haustüren

von Frank Braun und René Roloff
(Thomas Helms Verlag, 2017)
Die bunten Haustüren sind ein Darßer Markenzeichen. Das Buch erzählt ihre Geschichte und erklärt Besonderheiten der Gestaltung.

Darßer Küche
Fisch & Backobst

Die mecklenburgisch-vorpommersche Küche ist geprägt durch bodenständiges und deftiges Essen. Dominiert wird die Speisekarte durch **Fischgerichte.** Typisch ist Räucherfisch direkt aus dem Räucherofen. Hinzu kommen dank der ausgedehnten Wälder **Wildgerichte.**

Ein Erbe der schwedischen Zeit ist die Vorliebe für das **Süß-Herzhafte,** wie Grünkohl mit Rosinen, ein mit Honig und Backobst verfeinerter Braten oder Schmalz mit Apfelstücken. Nach dem Essen wird am liebsten *Köm* getrunken, ein klarer **Kümmelschnaps.**

Heute hat auf dem Darß längst auch die gehobene Küche Einzug gehalten. Besonders während der **Kulinarischen Wochen** (Mitte Oktober bis Mitte November) kommen Feinschmecker auf ihre Kosten. Mit der *Ostseelounge* im Strandhotel Fischland in Dierhagen gibt es sogar ein Sterne-Restaurant (▸ Seite 39).

Einfach frisch und gut sind die **Fischbrötchen** in den Boddenhäfen, die teils direkt vom Kutter verkauft werden.

Besonders nachhaltig & regional

Fischratgeber

Fisch in allen Variationen stand auf Fischland-Darß-Zingst seit jeher auf dem Speiseplan. Kein Wunder, denn Ostsee und Bodden boten immer reichlich davon. Heute sind manche Fischbestände durch Überfischung und Meeresverschmutzung der Ostsee bedroht.

Welchen Fisch kann man mit gutem Gewissen essen? Ohne Bedenken darf man Süßwasserfische wie Karpfen, Zander und Hecht genießen. Bei Ostseefischen gilt: Vor Ort nach fangfrischem Fisch fragen, denn dieser kommt von lokalen Fischern. Oft wird Flunder angeboten, deren Bestände in der Ostsee in den letzten Jahren zugenommen haben. Auch die Schollen-Bestände sind halbwegs stabil. Bedenkenlos kann man kleine Fische wie Hering und Sprotte bestellen. Sorgenkind ist derzeit der Dorsch, der auch Kabeljau genannt wird. Der Fisch ist sehr beliebt und die Bestände überfischt. Verzichten sollte man auf Aal, da er vom Aussterben bedroht ist.

Mehr Infos und Empfehlungen des WWF gibt es unter www.fischratgeber.wwf.de

Per Rad über die Halbinsel

Viele Plätze auf Fischland-Darß-Zingst kann man nur mit dem Fahrrad, einer Kutsche oder zu Fuß erreichen. Gefühlt ist das Fahrrad *das* Verkehrsmittel auf der Halbinsel. Ein gut ausgebautes Radwegenetz führt fast überall hin. Mietstationen bieten Drahtesel aller Art, vom einfachen Tourenrad bis zum E-Bike.

Regional- & Biomärkte

In vielen Orten finden von Mai bis Oktober jede Woche Regional- und Biomärkte statt. Angeboten werden bevorzugt Produkte aus der Region Fischland-Darß-Zingst und Mecklenburg-Vorpommern. Teils gesellen sich zu den Lebensmittelständen auch Stände mit Kunsthandwerk. Der einmal jährlich im Mai stattfindende Markttag in Born hat sich zu einem beliebten Volksfest entwickelt.

Mit gutem Gewissen …

… einkaufen:

Hofladen Gut Darß

Das *Gut Darß* in Born (▶ Seite 65) gehört zu den ökologischen Vorzeigehöfen. Die Wiesen und Weiden liegen am Rand des Nationalparks Vorpommersche Boddenlandschaft. Im Hofladen werden Bio-Fleisch und -Wurst von Schafen, Büffeln, Rindern und Ziegen angeboten. Das Gut stellt auch biologischen Ziegenkäse her. Außerdem gibt es Backwaren und Kräuter, aber auch Honig und Öle.

Born | Am Wald 26 | Tel. (03 82 34) 50 60 | www.gut-darss.de

Markthalle Barth

In einem großen Laden in der Altstadt präsentieren Anbieter aus der Region ihre Produkte, von Lebensmitteln bis zu Handgefertigtem. Eine Fundgrube für regionale Köstlichkeiten (▶ Seite 110).

Dei Lütt Fischhall

Hier verkaufen die Barther Fischer direkt ihren fangfrischen und geräucherten Fisch.

Barth | Am Osthafen 3 |
Di–Fr 8.30–15, Mo und Sa bis 11.30 Uhr

Kerstins Naturkostladen

Direkt am Marktplatz in Ribnitz liegt der Bioladen mit Imbiss von Kerstin Schulz. Neben biologisch hergestellten Lebensmitteln wird auch Naturkosmetik angeboten. Besonders beliebt sind die leckeren, täglich wechselnden vegetarischen und nicht-vegetarischen Mittagsgerichte. Nachmittags gibt es Kaffee und Kuchen, natürlich alles in Bio-Qualität.

Ribnitz-Damgarten | Am Markt 12 | www.kerstins-naturkostladen.de

… essen gehen:

Mühle

Getreu dem Motto „frisch – regional – hausgemacht" wird in der restaurierten Mühle in Born eine ebenso bodenständige wie kreative Küche geboten. So kommt der Saaler Bodden-Zander, geliefert vom Ahrenshooper Fischer Frank Hebel, mit mediterranem Couscous-Salat und Joghurt-Minzdip auf den Tisch (▶ Seite 64).

Café Fernblau

Gemütliches und modernes Bio-Café mit schöner Terrasse und toller Glasveranda in der *Darßer Arche* in Wieck. Leckere, selbst gebackene Kuchen und kleine Speisen. Zum Café gehört auch ein Shop, der Bio-Kosmetik, handgemachte Souvenirs und spannende Bücher anbietet (▶ Seite 67).

… übernachten:

Hotel Haferland

Das *Hotel Haferland* in Wieck setzt ganz auf entspannten Urlaub für Ruhesuchende. Die 32 Doppelzimmer und 14 Apartments sind im Landhausstil mit hellen Echtholzmöbeln eingerichtet. Für das Frühstücksbüfett werden ausschließlich Produkte aus biologischer Herstellung verwendet. Im Restaurant *Gute Stube* serviert das Team feine regionale Küche (▶ Seite 68).

Ginkgo Mare

Das kleine Bio-Hotel in Prerow hat modern eingerichtete, auch für Allergiker geeignete Zimmer mit Eichenfußböden. Die Inhaber Silke und Dirk Brügmann haben sich mit dem *Ginkgo Mare* ihren (ökologischen) Lebenstraum verwirklicht (▶ Seite 79).

Was ist los rund um Fischland-Darß-Zingst?

Feste & Veranstaltungen

Ahrenshoop

Neujahrstag
Neujahrstauchen und Anbaden
Ostersamstag
Osterfeuer
4. Wochenende im Juni
Jazz-Fest
3. Sonntag im Juli
Tonnenabschlagen
1. Samstag im August
Ahrenshooper Kunstauktion in der Strandhalle
3. Samstag im August
Lange Nacht der Kunst
3. Wochenende im September
Althäger Fischerregatta mit Hafen- und Handwerkerfest
Ende September/Anfang Oktober
Ahrenshooper Literaturtage

Barth

Anfang Juni
Tonnenabschlagen
Juli/August
Vineta-Festtage mit Open-Air-Theaterspektakel am Hafen
1. Wochenende im August
Segel- und Hafentage mit Zeesbootregatta
Ende September
Lichterfest im Hafen

Bodstedt

1. Wochenende im September
Große Bodstedter Zeesbootregatta

Born

Februar
Traditioneller Maskenball
3. Samstag im Februar
Fastnachts-Tonnenabschlagen
Ende Mai
Borner Markttag

1. Sonntag im August
Tonnenabschlagen
Auch in Born wird der alte Brauch gepflegt: Aufgabe der Reiter ist es, im Vorbeiritt ein altes Heringsfass mit einem Holzknüppel zu zerschlagen. Auf dem anschließenden Tonnenball werden die Sieger bei Musik, regionalen Leckereien und kühlen Drinks zünftig gefeiert.

Dierhagen

Ostern
Osterfeuer
3. Wochenende im Juli
Zeesbootregatta in Dierhagen Dorf
4. Wochenende im Juli
Hafenfest in Dierhagen Dorf
2. Samstag im August
Tonnenabschlagen
Mitte Juli bis Mitte August
Mittelalterspektakel auf der Festwiese hinter dem Sportplatz

Graal-Müritz

Ende Mai
Rhododendronfest

Mitte August
Märchennacht im Rhododendronpark
September
Fest der Moorgeister

Klockenhagen

Ende Juli
Tonnenabschlagen

Prerow

Januar
Anbaden an der Seebrücke
Ostern
Osterfeuer und Ostertauchen
Letzter Sonntag im April
Darßer Spinn-Marathon
1. Wochenende nach Himmelfahrt
Seebrückenfest
Juni
Mitsommernachtsfest
Letztes Wochenende im Juli oder 1. Wochenende im August
Hafenfest am Prerowstrom
4. Wochenende im Juli
Tonnenabschlagen
2. Wochenende im Oktober
Nationalparklauf

Ribnitz-Damgarten

2. Wochenende im Juni
Bernsteinfest
Juli
Internationales Folkloretanzfest

Wieck

Mitte/Ende April
Darß-Marathon
4. Sonntag im Juni
Tonnenabschlagen
Juli/August (Sa, So, Mo)
Darßer Festspiele
2. Wochenende im September
Nationalpark-Tage (NLP-Tage)
Ende September/Anfang Oktober
Darßer Naturfilmfestival (Darßer Arche)

Wustrow

Neujahrstag
Neujahrstauchen und Anbaden
Ostersamstag
Fischländer Strandgaloppremen
Ende Juni
Sommersonnenfest
1. Samstag im Juli
Zeesbootregatta am Wustrower Boddenhafen
2. Wochenende im Juli
Tonnenabschlagen
Letztes Wochenende im August
Seebrückenfest mit großem Kunsthandwerksmarkt und weiteren Attraktionen
2. Samstag im September
Konzertreihe *Naturklänge*

Zingst

Ostern
Zingster Klaviertage
1. Mai
Traditionelles Anbaden an der Seebrücke
Ende Mai
Internationale Regatta-Tage

> **Ende Mai bis Anfang Juni**
> **Umwelt-Fotofestival Horizonte Zingst**
> Eines der größten Fotofestivals Deutschlands. Neben zahlreichen Ausstellungen gibt es Workshops bei renommierten Fotografen.

(Vor-)letztes Wochenende im Juni
Hafenfest mit Zeesbootregatta
3. Augustwochenende
Zingster Kunstmagistrale
2. Wochenende im September
Shantychor-Treffen
Anfang Okober
Nationalparktage Zingst

Orte & Landschaften

Überschaubare Seebäder und Boddendörfer schmiegen sich in die liebliche Landschaft der Halbinsel. An der Innenseite des Boddens liegen die beiden Kleinstädte Barth und Ribnitz-Damgarten sowie eine Handvoll stiller Dörfer.

▼ *Reetdachhaus auf dem Darß*

Das Fischland

Brücke zwischen Ostsee & Bodden

Fischland heißt der schmale, nur wenige Kilometer lange Landstreifen, der sich zwischen der Permin-Bucht südlich von Wustrow bis Ahrenshoop im Norden ins Meer schiebt. Heute zählt man meist auch das Vorland rund um Dierhagen dazu.

Das Fischland und sein Vorland bestehen im Innern aus Wiesen und Weiden, Wäldchen und ein paar Dörfern. An der Ostseeküste aber zieht sich fast durchgehend der lange, meist breite Sandstrand entlang, nur unterbrochen vom malerischen Steilufer südlich von Ahrenshoop. Nördlich von Ahrenshoop geht der feine Sandstrand in den wilden und eindrucksvollen Weststrand auf dem Darß über.

Auf der Boddenseite liegen die Hafenorte Althagen, das zu Ahrenshoop gehört, und Wustrow sowie im Vorland die nicht weniger idyllischen Häfen von Dierhagen Dorf und Dändorf.

Insel der Fischer & Seefahrer

Auf dem Fischland lebten über Jahrhunderte vor allem Fischer und Seefahrer. Den historischen Kern des Fischlandes bildet die ehemalige Insel **Wustrow** rund um das gleichnamige Seebad. Bis ins Mittelalter wurde die Insel vom Festland und vom Darß durch zwei Mündungsarme der Recknitz abgetrennt. Im Süden war es der Permin, der den Bodden direkt mit der offenen See verband, und weiter nördlich in Ahrenshoop gab es den Darßer Kanal, auch *de Loop* genannt.

Im 14. Jahrhundert aber ließen die damals mächtigen Hansestädte Stralsund und Rostock die beiden Mündungsarme zwischen Bodden und Ostsee verstopfen: Sie versenkten dort Schiffwracks, wodurch die Wasserläufe allmählich verlandeten. Offiziell sollte diese Maßnahme Piraten davon abhalten, zu ihrem Unterschlupf im Ribnitzer Hafen zu gelangen. Eigentliches Ziel war es aber, die aufstrebenden Wustrower auf diese unfeine Art an ihren kühnen Plänen, auch Handels- und Hafenstadt zu werden, zu hindern. Bis zu dieser Zeit wurde die Insel „Swante Wustrow“, Heilige Insel, genannt. Erst im 16. Jahrhundert, als man nicht mehr von einer Insel sprechen konnte, bürgerte sich der Name Fischland ein.

Bis heute erinnern in den Dörfern auf dem Fischland zahlreiche Fischerkaten mit Schilfdach und Kapitänshäuser an die Zeit der Seefahrer. Die beschaulichen Häfen am Bodden in Althagen und Wustrow dienen nun meist touristischen Zwecken.

Die historische Grenze

Zwischen Ahrenshoop und seinem Ortsteil Althagen verläuft die historische Grenze zwischen Mecklenburg und Vorpommern – und damit mitten durch das Fischland. Bis heute markiert der *Grenzweg*, der mitten durch Ahrenshoop führt, die Stelle. Am Ende des zur Küste sanft ansteigenden Weges liegt der schönste Aussichtspunkt des Fischlandes (▸ Seite 53).

◂ Im Sommer ist der Hafen von Dierhagen ein beliebtes Ziel für Segler. Dann liegen auch etliche historische Zeesboote vor Anker

Ostseebad Dierhagen

Das weitläufige Ostseebad Dierhagen (circa 1 500 Einwohner) liegt eigentlich noch im „Vorland“ zum Fischland, zählt sich selbst aber schon dazu.

Dierhagen zieht sich vom Bodden, wo der alte Ortskern liegt, bis an die Ostseeküste, wo wunderbare Sandstrände den Küstenwald säumen. Letzteres wussten auch schon die Mächtigen in der DDR-Zeit zu schätzen. Damals entstand gleich hinter den Dünen im Küstenwald ein opulentes Gästehaus für Regierungsmitglieder der DDR und internationale Staatsgäste. Nach der Wende wurde daraus das Strandhotel Fischland, eines der besten Hotels an der Ostseeküste.

Schon 1311 erstmals urkundlich unter dem Namen „Deerhagen“ erwähnt, hat sich der Ort als Ostseebad erst im letzten Jahrhundert entwickelt. Heute besteht dieses aus insgesamt sechs weit auseinanderliegenden Ortsteilen.

Den historischen Kern bilden die beiden alten Fischerorte **Dierhagen Dorf** und **Dändorf,** die am Bodden liegen. Kapitänshäuser aus der Zeit der großen Segler, Bauernhöfe und Katen sind hier noch zu finden. In den beiden Fischerhäfen geht es gemütlich zu. Vom größeren der beiden in Dierhagen Dorf starten Zeesboote ihre Boddentouren. In Dändorf hat man die historische Salzstraße restauriert, eine Schautafel erläutert die Bedeutung der ehemaligen Handelsstraße.

An der Ostseeküste mit ihrem feinsandigen und besonders breiten Strand erstrecken sich hinter hohen Dünen die jüngeren Ortsteile. Den Hauptort und Mittelpunkt des Strandtreibens bildet **Dierhagen Strand.** Ferienhäuser, Pensionen, wenige Hotels und ein großer Campingplatz liegen eingebettet in einem dichten Kiefernwald. Die meisten Gaststätten und Strandläden gruppieren sich rund um den Strandzugang 15 am Plateau. Der Strandzugang selbst wird von Holzhäuschen mit Läden, Cafés und Imbissen gesäumt.

In der Waldstraße nahe dem Strandzugang informiert ein kleiner Geschichtslehrpfad über die Vergangenheit des Ortes. Dort erfährt man auch einiges über die Zeit in der DDR, als Dierhagen Standort von noblen Ferieneinrichtungen der Partei- und Staatsführung war. Nicht weit davon entfernt gibt es nahe der Kurverwaltung einen kleinen Kurpark.

Südlich von Dierhagen Strand liegt längs der Düne der Ortsteil **Neuhaus.** Dieser wird vor allem bestimmt vom großen Campingplatz und vom luxuriösen Hotelkomplex *Dünenmeer.*

Nördlich von Dierhagen Strand erstreckt sich die kilometerlange Siedlung **Dierhagen Ost** fast bis nach Wustrow. Sie besteht überwiegend aus Ferienhäusern und einigen wenigen Hotels und Pensionen, die sich oft zwischen hohen Kiefern verstecken.

Verbunden sind die Dierhagener Strandorte durch teils parallel verlaufende Rad- und Fußwege, die gleich hinter der Düne entlang- und teilweise durch den herrlichen Dünen-Kiefernwald hindurchführen.

Moorlandschaften

Die reizvolle Küstenwald- und Dünenlandschaft rings um das Ostseebad lädt zu ausgedehnten Spaziergängen und Wanderungen ein. Gut ausgebaute Radwege führen von Dierhagen über die ganze Halbinsel bis nach Zingst und in westlicher Richtung nach Graal-Müritz und Warnemünde.

Am Dünenstrand in Dierhagen-Neuhaus ist auch in der Hauptsaison noch Platz

Ein außergewöhnliches Wanderziel in der südlichen Umgebung gleich hinter Neuhaus ist das **Naturschutzgebiet Großes Ribnitzer Moor,** das sich in Richtung Graal-Müritz erstreckt. Man erreicht es in ungefähr einer halben Stunde, indem man vom Hauptstrandzugang in Dierhagen Strand einfach dem ausgeschilderten Wanderweg durch den Küstenwald folgt.

Das Ribnitzer Große Moor ist ein küstennahes Hochmoor, das sich am Ende der letzten Eiszeit gebildet hat. Wie in vielen anderen Mooren wurde auch hier jahrhundertelang Torf gestochen. Ab 1975 wurde die zur Torfgewinnung notwendige Entwässerung durch Aufstauung zwar rückgängig gemacht, aber noch heute sind wegen des zu niedrigen Wasserstandes zwei Drittel des Schutzgebietes verlandet und mit Kiefern und Birken bewaldet. Auf fünf ausgewiesenen Wanderwegen darf man dieses Moorgebiet begehen. In der warmen Jahreszeit Mückenschutz einstecken!

Das **Naturschutzgebiet Dierhäger Moor,** das sich zwischen Dierhagen Strand und Dierhagen Dorf ausdehnt, darf allerdings nicht betreten werden.

Strand

50 Meter breite, feinsandige Strände liegen vor Neuhaus, Dierhagen Strand und Dierhagen Ost. Die DLRG wacht über den Bereich vor Dierhagen Strand (Juni–Sep. 10–18 Uhr). Zwischen den Textilstränden liegen kleine FKK-Bereiche und Hundestrände.

Geschichtspfad

37 historisch bedeutsame Plätze in den sechs Ortsteilen Dierhagens sind durch einen Pfad verbunden. Broschüre im Haus des Gastes oder unter www.ostseebad-dierhagen.de.

Praktische Tipps

Gut zu wissen

Kurverwaltung im Haus des Gastes
Zimmervermittlung, Informationen, Bibliothek, Internetterminals.
18347 Dierhagen Strand |
Ernst-Moritz-Arndt-Straße 2 |
Tel. (03 82 26) 2 01 |
www.ostseebad-dierhagen.de

Ortsführung

Unterwegs mit Margarethe
Wer mehr über die bewegte Geschichte Dierhagens erfahren möchte, sollte eine Tour mit Margarethe buchen. In original Fischländer Tracht führt Margrid Parr alias Margarethe anekdotenreich durch den Ort. Start ist an der Kurverwaltung.
Mai–Okt. Do um 10 Uhr zu Fuß durch Dierhagen Strand, Di 9.30 Uhr als Fahrradtour durch mehrere Ortsteile |
Anmeldung im Haus des Gastes

Geführte Radtour zum Ribnitzer Moor
Das westlich von Dierhagen gelegene Ribnitzer Große Moor ist mit 274 Hektar eines der größten Regenmoore Mecklenburg-Vorpommerns. Nicht nur im Frühjahr, wenn sich Wollgräser, Schwertlilien, Wasserfeder und andere Sumpfpflanzen von ihrer schönsten Seite zeigen, ist das Moor ein Erlebnis. Ein fachkundiger Ranger führt bei der etwa dreistündigen Radtour mit kombinierter Wanderung in die Tiefen des Moores, erklärt Spannendes zu Flora und Fauna und weiß von manch schauriger Geschichte zu erzählen.
Mai–Okt. jeden Montag 9.30 Uhr |
Dauer circa 3 Stunden |
Treffpunkt: Haus des Gastes |
Tel. (03 82 26) 2 01 |
www.ostseebad-dierhagen.de

Bus frei!
Mit der Dierhagener Kurkarte kann man innerhalb Dierhagens sowie nach Wustrow, Ribnitz-Damgarten und Graal-Müritz kostenlos Bus fahren.

Gut gebettet

Strandhotel Fischland 1
1968 ursprünglich als Gästehaus der DDR-Regierung erbaut, wurde das mehrstöckige Anwesen nach der Wende zu einem 4-Sterne-Strandhotel umgestaltet. Es liegt an einem besonders schönen Strandabschnitt im Wald zwischen Dierhagen und Neuhaus. Die 74 modern eingerichteten Zimmer mit Teppichböden haben große, bodentiefe Fenster und einen geräumigen Balkon. Gelobt werden die großzügigen Aktiv- und Wellnessbereiche in der Spa- und Sportwelt *MEERzeit*. Highlight ist in der 4. Etage das Sonnendeck mit der exklusiven *Ostseelounge* (▸ Seite 39).
Dierhagen Strand |
Ernst-Moritz-Arndt-Straße 6 |
Tel. (03 82 26) 5 20 |
www.strandhotel-fischland.de | €€€

Ostseehotel Dierhagen 2
Das 3-Sterne-Superior-Hotel liegt am nördlichen Rand von Dierhagen Strand. Die 162 klassisch-modernen Doppelzimmer haben Holzparkettböden und sind mit geölten Holzmöbeln eingerichtet. Zum Wellness- und Sportbereich gehören ein Schwimmbad und verschiedene Saunen. Das hauseigene Restaurant bietet kreative, regionale Küche. Dass der Kom-

Übernachten
1 Strandhotel Fischland
2 Ostseehotel Dierhagen
3 Pension Amo marem
Essen & Trinken
1 Ostseelounge
2 Pfannkuchen-Haus
3 Schipperhus
4 Boddenblick
Saaler Bodden
Dierhagen Dorf
Wustrow
Chausseestraße
Wallstr.
Seestr.
Am Wäldchen
Hafenstraße
Lindenstraße
Kirchstraße
Kirchweg
Boddenweg
Ortsteil Dändorf
Neue Straße
Strandstraße
Einkaufszentrum Fischlandtor
Sommerkino
OstseeCamp Dierhagen
Ostseebad Dierhagen
NSG
Dierhäger Moor
Ernst-Moritz-Arndt-Straße
Kurverwaltung
Kurpark
Schwedenschanze
Fischländer Weg
Waldweg
Wiesenweg
Deichweg
Feldweg
Kiebitzweg
Möwenweg
E.-Bülten-Weg
Dünen-Heideweg
Finkenweg
Am Hain
Am Badesteig
Ahornstraße
Akazienstraße
Am Plateau
P.-Jahnke-Str.
Waldstraße
Ribnitzer Moor
Graal-Müritz
Neuhaus
Dierhagen Ost
Dierhagen Strand
Ostsee
N
200 m

plex ursprünglich als Kurklinik errichtet wurde, merkt man nach diversen Umbauten noch an den breiten Fluren. Für die Anreise mit der Bahn bietet das Hotel einen besonderen Service: Taxi ab Ribnitz-Damgarten West zum Sonderpreis von 20 Euro.
Dierhagen Strand | Wiesenweg 1 |
Tel. (03 82 26) 5 10 |
www.ostseehotel-dierhagen.de | €€–€€€

Pension Amo marem 3

Die kleine Frühstückspension in Dierhagen Dorf bietet sieben moderne Doppelzimmer mit Holz-Laminatböden sowie Balkon oder Terrasse, teils mit Boddenblick. Kleiner Wellnessbereich. Gegenüber im *Haus amo solem* vermieten die Inhaber fünf gut ausgestattete Apartments für 2 bis 5 Personen.
Dierhagen-Dorf | Seestraße 5b |
Tel. (03 82 26) 53 37 76 |
www.pension-amomarem.de

Freiwiederwind

Glamping – das ist Zelten mit allem Komfort: In den fertig aufgebauten Zelt-Lodges schläft man in richtigen Betten, freut sich über Indoor-Dusche, komfortable Küchenzeile und Flat-TV. Und ist dabei mitten in der Natur. Wer doch ein festes Dach über dem Kopf bevorzugt, kann auf dem weitläufigen *Freiwiederwind*-Gelände auch ein Ostsee-Chalet buchen. Das sind gemütliche Holzhäuser mit großen Fenstern.
Dierhagen Neuhaus | Am Hof 15 |
Tel. (03 82 26) 53 75 49 |
www.freiwiederwind.com

Camping in Neuhaus

Naturnaher Familienplatz direkt im Wald, 200 Meter vom Strand entfernt, vor Ort: Sauna, Spielplatz. Direkt am Ostseeradweg.
Birkenallee 10 | Tel. (03 82 26) 53 99 30 |
www.camping-neuhaus.de | Ganzjährig

Nomen est omen: die Gaststätte Boddenblick am Hafen in Dierhagen Dorf

Von Suppe bis Torte

Restaurant Ostseelounge 1

Hoch über den Dünen, auf dem Dach des *Strandhotels Fischland* (▸ Seite 36) wird moderne, vom Meer inspirierte Regionalküche kreiert. Viele Zutaten werden aus der Region bezogen. Die *Ostseelounge* ist das einzige Sterne-Restaurant auf Fischland-Darß-Zingst. Das hat seinen Preis: Menü ab circa 130 Euro. Den fantastischen Ausblick über das Meer gibt's gratis dazu.

Pfannkuchen-Haus 2

In dem beliebten kleinen Lokal gibt es Eierpfannkuchen in verschiedensten Variationen, süß und herzhaft.

Dierhagen Strand | Waldstraße 4 |
Tel. (03 82 26) 8 04 64 | Tgl. ab 11 Uhr

Schipperhus 3

Reetgedecktes Fachwerkhaus von 1863 mit maritimer Einrichtung, Mecklenburger Hausmannskost und viel Fisch. Kinderkarte und Spielzeug.

Dierhagen Dorf | Strandstraße 6 |
Tel. (03 82 26) 8 02 11

Boddenblick 4

Fischküche und mehr direkt am Hafen, schöne Terrasse mit Boddenblick, auch Räucherfischverkauf.

Dierhagen Dorf | Hafenstraße 13 |
Tel. (03 82 26) 8 01 66 | Tgl. ab 11 Uhr

Kaufen & stöbern

Einkaufszentrum Fischlandtor

In Dierhagen Dorf direkt an der Kreuzung Landstraße/Strandstraße Richtung Dierhagen Strand, mit Supermarkt, Drogerie, Bäckerei, Fischgeschäft, Sparkasse.

Markt

Dierhäger Hafenmarkt

Frische, zum Teil ökologische Nahrungsmittel und Kunsthandwerk, z. B. Rohmilchkäse vom Ziegenhof und Bio-Rind vom *Gut Darß*.

Am Dierhäger Hafen |
Mai–Okt. Di und Fr 9–14 Uhr

Aktiv & sportlich

Udo's Fahrradverleih

Zentral gelegen in Dierhagen Strand.

Dierhagen Strand | Akazienstraße 11 |
Tel. (01 73) 1 37 95 78

Reiterhof Guido Lange

Kremserfahrten, Reitkurse, geführte Ausritte am Strand entlang.

Dierhagen Dorf | Zur Bockwiese 3 |
Tel. (03 82 26) 8 06 79 |
www.reiterhof-lange.de

Sommerkino Blinkfeuer

Gegenüber dem Zeltplatz.

Dierhagen Strand |
Ernst-Moritz-Arndt-Straße 1b |
Tel. (03 82 26) 8 04 70 | Mai–Okt.

Bootsfahrten

MS Boddenkieker

Vom Hafen Dierhagen-Dorf über Wustrow nach Ribnitz-Damgarten.

Ende Apr.–Mitte Okt. Di–Sa 10.30, 13.45 und 16.30 Uhr | Tel. (01 72) 3 89 60 90 |
www.fahrgastschifffahrt-fischland-darss-zingst.de

Zeesboot Hanne Nüte

1,5-stündige Rundfahrt auf dem Saaler Bodden und Sonderfahrten nach Absprache, Abfahrt Hafen Dierhagen Dorf.

Anmeldung beim Hafenmeister Herrn Zobel |
Tel. (03 82 26) 4 45 oder (01 70) 4 51 26 71 |
www.boddenskipper.de

Ostseebad Wustrow

Wustrow (circa 1 200 Einwohner) ist ein Ostseedorf wie aus dem Bilderbuch: Reetgedeckte, meist liebevoll restaurierte Häuser säumen die teils ungepflasterten Dorfstraßen. Und hinter dem Deich wartet ein breiter, weißer Strand.

Das hübsche Ostseebad liegt nahe der schmalsten Stelle des Fischlandes, dort, wo vor Jahrhunderten noch ein Mündungsarm der Recknitz in die Ostsee strömte. Etliche reetgedeckte Fischerkaten und steinerne Kapitänshäuser mit bunten Vorgärten zeugen von der maritimen Vergangenheit des Ortes. Heute ist das ehemalige Seefahrerdorf ein Badeort mit lebhaften und stillen Winkeln.

Seinen Namen verdankt der Ort den Slawen, die die damalige Insel vor mehr als tausend Jahren als Heiligtum betrachteten und als „Swante Wustrow“, Heilige Insel, verehrten. Über Jahrhunderte lebten die Einwohner vom Fischfang und bescheidener Landwirtschaft. Im 18. und 19. Jahrhundert entwickelte sich Wustrow zum Seefahrerort. In der Blütezeit der Segelschifffahrt befuhren über 200 Schiffe von hier aus die Weltmeere.

Ihre Kapitäne bauten sich von ihrem Ersparten neue, feste Häuser aus Ziegelstein mit einem Obergeschoss und einem Ziegeldach, in denen sie ihren Lebensabend verbringen wollten. In den Wintermonaten boten sie ihre geballten nautischen Kenntnisse in Kursen zur Erlangung des Steuermannexamens an. 1846 wurde dann in Wustrow die *Großherzoglich-Mecklenburgische Navigationsschule* gegründet. Diese Einrichtung bildete 146 Jahre lang in Navigation, Kartografie sowie See- und Handelsrecht aus und wurde bis weit über die Grenzen des Fischlandes hinaus bekannt. 1992 schloss sie ihre Pforten. Nach

Zeesboote starten auch im Wustrower Hafen

Reetdachhäuser prägen das Ortsbild von Wustrow

jahrelangem Leerstand wurde das markante Gebäude 2020 aufwendig umgebaut und beherbergt nun luxuriöse Ferienwohnungen.

Harte Zeiten begannen Ende des 19. Jahrhunderts, als sich überall auf den Meeren die Dampfschiffe, von den Fischländern auch abfällig „Stinkbüdel" genannt, durchsetzten. Als den Wustrowern die Börsen immer dünner wurden, sollten die Fremden, die „Strandlöpers", das dringend benötigte Kleingeld bringen. Zu diesem Zweck wurde 1880 ein „Gemeinnütziger Verein" gegründet, der energisch daranging, den Schifferort in einen Badeort zu verwandeln. Badezellen wurden aufgestellt und bald reihten sich meerseitig an der Strandstraße Hotels, Pensionen und Cafés aneinander, die für ein lebhaftes Bäderambiente sorgten.

Spaziergang durch Wustrow

Ein guter Ausgangspunkt für einen Spaziergang durch Wustrow ist die **Kirche** 1 von 1873 an der prägnanten Ecke Ernst Thälmannstraße und Hafenstraße. In dem Gotteshaus sind neben drei Schiffsmodellen auch ein Gemälde der Malerin Hedwig Jaenichen-Woermann zu sehen. Nicht versäumen sollte man den Aufstieg auf den **Kirchturm** (täglich bis 17 Uhr geöffnet). Er diente als Seezeichen und zur praktischen Navigationsausbildung. Eine enge Wendeltreppe führt in 18 Meter Höhe, der Blick von oben auf Bodden, Dorf und Ostsee ist umwerfend.

Wieder unten, führt die **Neue Straße** in den ältesten und stillsten Teil von Wustrow. Gleich zu Beginn steht das leuchtend rote **Haus Schifferwiege** 2, eines der ältesten Häuser in Wustrow, heute ein Ferienhaus. Einst wohnte hier eine Hebamme, die vielen späteren Seefahrern half, das Licht der Welt zu erblicken, daher der Name. Vorbei an reetgedeckten Fischerhäusern mit farbenfrohen Gärten endet bald die Pflasterung der Straße und führt weiter als sandiger Weg. Bald passiert man rechter Hand das über 250 Jahre alte **Fischlandhaus** 3. Hinter krummen, rot getünchten Lehmwänden und einem neuen Anbau werden wechselnde Ausstellungen gezeigt. Auch die Ortsbibliothek ist im Fischlandhaus untergebracht. Das Gebäude entstand um 1800 als Büdnerei (Haus für Kleinbauern) und hat das für die Boddenregion typische reetgedeckte Krüppelwalmdach.

Am Ende der Neuen Straße führt der Friedhofsweg zu einer wenig beachteten Sehenswürdigkeit: Auf dem romantischen **Friedhof** 4 ruhen neben Kapitänen auch namhafte Künstlerinnen und Künstler, darunter die norddeutsche Schriftstellerin Käthe Miethe (1893–1961) und die Malerin Hedwig Jaenichen-Woermann (1879–1960), die in Wustrow lebte.

Ein Stück zurück führt der Friedhofsweg zur Ernst-Thälmann-Straße, die man überquert, um in den Peter-Voß-Weg und dann links in die **Karl-Marx-Straße** zu gelangen. Die Häuser in diesem Teil Wustrows wirken städtischer. Das liegt daran, dass hier die gut betuchten Schifferfamilien ihre Häuser gebaut hatten. Nach dem Überqueren der Flaniermeile Strandstraße führt die Karl-Marx-Straße zu einem besonders malerischen **Dorfplatz** 5, in dessen Mitte eine alte Eiche steht. Von hier zweigt rechts der Birkenweg zur Lindenstraße ab, in der es einige gut erhaltene Kapitänshäuser zu entdecken gibt. Weiter auf der Strandstraße geht es vorbei an der alten Seenotrettungsstation von 1812 und einem Zeltkino zur 240 Meter langen **Seebrücke** 6, die 1993 erbaut wurde. Beim Blick nach Norden schaut man zum Hohen Ufer (▸ Seite 53 und ▸ Tour 1, Seite 56). In Richtung Süden reicht die Sicht über Dierhagen bis nach Graal-Müritz. Auffällig sind die parallel zur Küste aus Granitblöcken aufgeworfenen Wellenbrecher, die die Abtragung von Strand und Küste verringern sollen.

Zurück in der Strandstraße biegt man vor dem Restaurant *Swantewit* rechts ab und wandert auf dem Deich weiter in Richtung Dierhagen. Am nächsten Querweg, fast am Ende des Küstenwäldchens, geht es links. Durch ein Wäldchen gelangt man schließlich im Ortsbereich in die **Parkstraße.** Rechter Hand ragt die **ehemalige Seefahrtschule** 7 hervor, die heute Ferienwohnungen beherbergt. Die hübsche, von Gärten und kleineren Häusern gesäumte Parkstraße führt zur Karl-Marx-Straße, in die dieses Mal rechts eingebogen wird. An deren Ende wird die Hauptstraße überquert, schräg gegenüber folgt man dem ausgeschilderten Weg zum Restaurant-und Hotelschiff *Stinne*. Der dänische Zweimaster war 1965 bei einem Sturm im Permin gestrandet, er wurde hier aufgedockt und später zum Hotelschiff umgebaut. Von hier führt ein Fußweg nahe am Bodden entlang zum idyllischen **Wustrower Hafen** 8, wo Zeesboote zu Törns starten und Ausflugsschiffe über den Bodden schippern.

Strand

Feine Sandstrände beiderseits der Seebrücke, Richtung Norden zunehmend steinig. An der Seebrücke ist der Textilstrand überwacht.

Sehenswertes

1 Kirche
2 Haus Schifferwiege
3 Fischlandhaus
4 Friedhof
5 Dorfplatz
6 Seebrücke
7 Ehemalige Seefahrtschule
8 Hafen

Übernachten

1 Dorint Strandresort & Spa
2 Hotelschiff Stinne
3 Landhaus Schlunt

Essen & Trinken

1 Schimmel's
2 Schifferwiege
3 Wustrower Fischräucherei
4 Kapitänshaus
5 Café Reise Reise

Idyllisch: der Garten der Kunstscheune Barnstorf

Barnstorf
Idyll am Bodden

Vom Wustrower Hafen geht man gut 15 Minuten bis zum denkmalgeschützen Ortsteil Barnstorf, einen ebenso abgelegenen wie malerischen Weiler am Saaler Bodden.

Hier stehen auf einem Landzipfel die wohl schönsten Gehöfte des Fischlandes. Die vier prächtigen Bauernhöfe mit rotbraunen Wänden und tief hinabreichenden Rohrdächern wirken wie aus einer anderen Zeit. Es sind typische niederdeutsche Hallenhäuser aus der ersten Hälfte des 18. Jahrhunderts. Eine Augenweide sind auch besonders in den Sommermonaten die idyllischen Gärten. Die Höfe sind überwiegend bewirtschaftet, in Teilen wurden Ferienwohnungen eingerichtet. In einem der Gehöfte ist die Kunstscheune Barnstorf untergebracht. Dort stellen die Galeristen Gabriele und Peter Eymael Werke von norddeutschen und internationalen Kunstschaffenden aus.

Von Barnstorf führt der Boddenwanderweg Richtung Ahrenshoop. Dabei kommt man an lauschigen, im Schilf versteckten Sandbuchten des Saaler Boddens vorbei.

www.kunstscheune-barnstorf.de

Praktische Tipps

Gut zu wissen

Kurverwaltung im ehemaligen Kaiserlichen Postamt
Auskünfte aller Art und Zimmervermittlung.
18347 Wustrow | Ernst-Thälmann-Str. 11 | Tel. (03 82 20) 2 51 | www.ostseebad-wustrow.de

Gut gebettet

Dorint Strandresort & Spa 1
Die Nr. 1 am Ort, in der Nähe der Seebrücke gelegen. Modernes, familienfreundliches Hotel mit 97 geräumigen Zimmern und Apartments, alle mit Balkon/Terrasse. Badelandschaft, Dampfbäder, Sauna, Beauty-Farm. Das Hotel strebt nach eigenem Bekunden möglichst nachhaltiges Wirtschaften an.
Strandstraße 46 | Tel. (03 82 20) 6 50 | www.dorint.de/wustrow | €€€

Hotelschiff Stinne 2
Hier schläft man in den Kabinen auf einem trockengelegten dänischen Küstenschoner (Baujahr 1919) mit Blick auf den Saaler Bodden.
Am Kuhleger 13a | Tel. (03 82 20) 3 36 | www.hotelschiff-stinne.de | €

Landhaus Schlunt 3
Ruhig am östlichen Ortsrand gelegen. Zimmer und Apartments mit Steinfußböden im Landhausstil. Gemütliches Kaminzimmer und kleiner Wellnessbereich mit sibirischer Erdsauna und (unbeheiztem) Pool. Vom Garten mit Liegewiese hat man einen freien Blick auf den Bodden.
Osterstraße 30 | Tel. (03 82 20) 8 05 15 | www.landhaus-schlunt.de | €

Von Suppe bis Torte

Schimmel's 1
Empfehlenswerte Landhausküche auf gehobenem Niveau, regionale Zutaten, kreative Gerichte, mittleres Preisniveau. Mit tollem Sonntagsfrühstück.
Parkstraße 1 | Tel. (03 82 20) 6 65 00 | Fr–Mi ab 14 Uhr, So ab 12 Uhr

Schifferwiege 2
Familiengeführtes Restaurant. Täglich frischer Fisch aus der Ostsee in vielen Variationen, aber auch Steaks und vegetarische Gerichte. In der angeschlossenen Pension auch Zimmer sowie ein Apartment im restaurierten Backsteinhaus.
Karl-Marx-Straße 30 | www.schifferwiege.de | Feb.–Nov. tgl. ab 11.30 Uhr, Jan. nur Fr–So geöffnet

Wustrower Fischräucherei 3
Fisch frisch aus dem Räucherofen, leckere Fischbrötchen und mehr direkt am Hafen. Auf der Sommerterrasse sitzt man idyllisch unter alten Bäumen.
Hafenstraße 6

Kapitänshaus 4
Lecker und kreativ zubereitete Fischgerichte in maritimem Ambiente. Auch vegetarische und vegane Speisen. Ob Räucherfisch aus der Räucherei nebenan oder der Einkauf beim Fischer vor Ort, vieles kommt aus der Region. Direkt am Hafen von Wustrow, wo man – am besten von der Terrasse am Wasser – die Schiffe und den Bodden beobachten kann.
Hafenstraße 8 | Tel. (03 82 20) 8 09 80 | www.kapitaenshaus.net | Di–So ab 12 Uhr

Abendstimmung am Strand von Wustrow

Café Reise Reise 5
Kleines lauschiges Café mit bildhübschem Garten. Die Gastgeberin Kathrin Tempel zaubert leckere hausgemachte Kuchen, Suppen und kleine Snacks. WLAN gibt's gratis dazu.
Ernst-Thälmann-Straße 22 |
Tel. (03 82 29) 8 21 37 |
www.reisereise-wustrow.de

Kunst & Kultur

Sommerkino
Nur in der Saison, eines der letzten Zeltkinos, innen mit Holzbänken, neben Filmen auch Kleinkunst.
Strandstraße 53a | Tel. (03 82 20) 8 01 96

Kaufen & stöbern

Darßer Manufructur
Sanddorn- und weitere regionale Spezialitäten in einem Laden mit Café, darunter auch Fruchtaufstriche ganz ohne Zucker, Sanddornsäfte und -spirituosen, Naturkosmetik und vieles mehr. Die Sanddornspezialitäten werden hergestellt in der Darßer Manufructur in Wieck.
Ernst-Thälmann-Straße 4 |
www.darsser-manufructur-neu.de

Bücherstube Fischland
Direkt an der Hauptstraße gelegen mit einem gut sortierten Angebot auch an regionalen Titeln.
E.-Thälmann-Str. 20 | Tel. (03 82 20) 4 07

Rosine by Schimmel's
Hier werden Spezialitäten wie luftgetrocknete Schinken aus Spanien und besondere Weine angeboten – aber auch schöne Accessoires für Tisch und Tafel.
Strandstraße 31 | Tel. (03 82 20) 6 65 00 |
Mo–Sa 10–18 Uhr, Winter 11–17 Uhr

Wellness

Schwimmbad & Sauna
Schwimmbad und Sauna der *Ostsee-Kurklinik* sind für Besucher zu be-

stimmten Zeiten geöffnet.
An der Seenotstation 1 |
Tel. (03 82 20) 62-0 |
www.ostseekurklinik-fischland.de

Aktiv & sportlich

Fahrradverleih Schröder
Verleih und Reparatur.
Lindenstraße 17 | Tel. (03 82 20) 8 09 05 |
Tgl. 9.30–12, Mo–Fr auch 15–18 Uhr

Bootsfahrten

Saisonaler Linienverkehr
Mit *MS Boddenkieker* Di–Sa ab Hafen Wustrow um 11.30, 14.30 und 17.15 Uhr nach Ribnitz-Damgarten.
Mit *MS Ostseebad Wustrow* Di–Sa um 10.30 und 14 Uhr nach Born.
Tel. (01 72) 3 89 60 90 |
www.boddenschifffahrt.de |
Ende Apr.–Anfang Okt.

Zeesbootsegeln
Mit den Zeesbooten *Butt* und *Bill* ab Hafen Wustrow.
Tel. (01 51) 28 77 62 73 |
Mai–Okt. tgl. 11, 13, 15 und 17 Uhr

Segeln & Surfen

Surfcenter Wustrow
Etwa 1 km vor dem südlichen Ortseingang Wustrows. Surf- und Kiteschule, auch Wellenreiten, Surfshop und Verleih, außerdem Stellplätze für Wohnmobile hinter dem Deich.
An der Nebelstation 2 |
Tel. (03 82 20) 8 02 50 |
www.surfcenter-wustrow.de

Fischländer Segelschule
Grundkurse auch für Kinder, Verleih von Ruderbooten und Kanus.
Hafenstraße 10 | Tel. (0 33 82) 7 07 81 88 |
www.aufs-wasser.com

Walken & Joggen

Nordic-Walking-Park
8 Routen auf 51 km an Küste und Bodden für jede Kondition. Start an der Seebrücke in Wustrow. Dort hängen auch die Routenübersichten.

Lauschiges Plätzchen am Bodden zwischen Wustrow und Niehagen

Ostseebad Ahrenshoop

Ahrenshoop (circa 700 Einwohner) ist fast schon eine lebende Legende: ein Fischerdorf, das zum Sehnsuchtsort von Künstlern wurde. Auch in der DDR-Zeit traf sich hier die Avantgarde zum Entspannen.

Heute ist Ahrenshoop beliebter denn je – und hat sich zum Glück etwas von seiner Ursprünglichkeit bewahrt. Der Ort, der malerisch in den Dünen zwischen Ostsee und Bodden liegt, hat außer bildhübschem Strand, Kunstmuseum und etlichen Galerien immer noch einige sandige Dorfstraßen, die aussehen wie vor 150 Jahren.

Weithin bekannt wurde Ahrenshoop als Künstlerkolonie. Ende des 19. Jahrhunderts entdeckten Landschaftsmaler wie Paul Müller-Kaempff das verschlafene Fischerdorf für sich. Beeindruckt von dem Landstrich mit der schroffen Steilküste und der sanften Dünenlandschaft gründeten sie Malschulen, in denen farbenprächtige Bilder entstanden.

Buchtipp: Ahrenshoop – Balancieren auf der Meerschaumlinie

von Kristine von Soden (Transit Verlag)

15 wahre Geschichten über kreative und prominente Menschen, die in Ahrenshoop gelebt, geliebt oder auch geschimpft haben.

Davor spielte der 1271 erstmals urkundlich als „Arenshope" erwähnte Ort eine unbedeutende Rolle. Damals existierte noch der Loop, ein Mündungsarm der Recknitz, der die Grenze zwischen dem mecklenburgischen Fischland und dem pommerschen Darß markierte. Erst Ende des 18. Jahrhunderts entstand hier ein kleines Fischerdorf.

Mit den Künstlern kamen auch wohlhabende Badegäste, in den 1920er-Jahren zählte man jährlich um die 2000. Nach dem Zweiten Weltkrieg avancierte Ahrenshoop zum beliebten Ferienziel der DDR-Kulturschaffenden. Hier erholten sich der Dramatiker Bertolt Brecht ebenso wie DDR-Kulturminister Johannes R. Becher und Schriftstellerin Anna Seghers. Oberhalb der Steilküste hinter dem Hohen Ufer durften vor allem verdiente Genossen ihre Häuser bauen. „Millionenhügel" hieß im Urlauberjargon dieses Gebiet.

Ahrenshoop heute

Seit September 2013 hat Ahrenshoop mit dem neuen **Ahrenshooper Kunstmuseum** (▸ Seite 50) eine repräsentative Stätte, in der Werke aus der Künstlerkolonie ausgestellt werden. Das Gebäude, das aus fünf miteinander verbundenen, stilisierten Fischerkaten besteht, hat sich zum Besuchermagneten entwickelt.

Bis heute lebt die Künstlertradition in Ahrenshoop fort. Etliche Galerien und Ausstellungshallen sowie mehr als ein Dutzend Kunstwerkstätten gibt es derzeit in Ahrenshoop – Tendenz steigend. Ein **Kunstpfad** mit 10 Info-Stationen zeigt Spaziergängern eindringlich, wie die Ahrenshooper Maler den Ort sahen – man staunt, wie viel vom alten Zauber man heute noch nachempfinden kann.

Beliebtes Fotomotiv: der wunderbare Ausblick vom Hohen Ufer

Von seiner Ursprünglichkeit hat Ahrenshoop zwar einiges eingebüßt, doch finden sich viele Winkel, in denen eine scheinbar unberührte Reetdachidylle existiert. Die meisten Häuser davon dienen allerdings einzig der Ferienvermietung. Wer also eine „echte" Fischerdorfidylle sucht, wird hier eher enttäuscht.

An der Dorfstraße, der vielbefahrenen Durchgangsstraße von Ahrenshoop, haben sich aufwendig umgebaute Hotels, Restaurants und einige Läden angesiedelt. 2010 hat an der Stelle des alten Kurhauses aus DDR-Zeiten am Schifferberg das exklusive Hotel *The Grand* eröffnet.

Ländlicher geht es in den Ortsteilen **Althagen** und **Niehagen** zu, die am Bodden liegen. Obwohl die beiden Mecklenburger Dörfer geografisch zum Fischland zählen, gehören sie seit 1950 zum vorpommerschen Ahrenshoop. Trennlinie ist der Grenzweg, erkennbar an Holzpfählen, die zwischen Althagen und Ahrenshoop zu finden sind.

In Althagen, das gleich an Ahrenshoop anschließt, ist der malerische Fischerhafen ein Anziehungspunkt. Hier legen Fahrgastschiffe ab und starten Zeesboote zu Segeltörns.

Museen & Galerien

Kunstmuseum Ahrenshoop 7
Unbedingt hingehen: In dem sehenswerten Museumsneubau (2013) in der Form von stilisierten Fischerhäusern werden Werke der Ahrenshooper Künstler aus verschiedenen Epochen präsentiert. Nach einem Besuch im Kunstmuseum versteht man, was die Künstler hier suchten, fanden und dem Ort gegeben haben. Kleiner Museumsshop (schöne Postkarten, Künstlerbücher).
Weg zum Hohen Ufer 36 | Tel. (03 82 20) 66 79-0 |
www.kunstmuseum-ahrenshoop.de | Di–So 11–17 Uhr

Kunstkaten 1
Das blau getünchte Haus wurde 1909 zur Glanzzeit der Künstlerkolonie von den Malern Paul Müller-Kaempff und Theobald Schorn als Ausstellungspavillon für die Ahrenshooper Maler errichtet. Es steht für Ausstellungen, Lesungen und Konzerte offen.
Strandweg 1 | Tel. (03 82 20) 8 03 08 |
www.kunstkaten.de |
Im Sommer tgl. 10–18 Uhr, im Winter Di–So 10–13 und 14–16 Uhr

Dornenhaus 5
Erbaut um 1660. Früher Bauern-, Seefahrer- und Zollhaus, beherbergte es als Kulturbundhaus zahlreiche bedeutende Künstler, unter anderem Bertolt Brecht und Helene Weigel. Heute finden ganzjährig Ausstellungen, Lesungen und Konzerte statt. Im angeschlossenen Keramikatelier kann man Handgefertigtes im typischen blau-weißen Fischland-Design erwerben.
Bernhard-Seitz-Weg 1 | Tel. (03 82 20) 8 09 63 |
www.dornenhaus.de

Neues Kunsthaus 8
Das Neue Kunsthaus widmet sich mit fünf bis sechs Ausstellungen jährlich dem zeitgenössischen Kunstschaffen. Dazu gehören auch Video- und Tanzperformances, Lesungen und Konzerte.
Bernhard-Seitz-Weg 3a | Tel. (03 82 20) 8 07 26 |
www.neues-kunsthaus-ahrenshoop.de

Galerie Alte Schule 9
Im ehemaligen, 1828 erbauten Schulhaus von Ahrenshoop werden wechselnde Ausstellungen der klassischen Moderne, der Postmoderne, der Kunst der Künstlerkolonie und zeitgenössischer Kunst gezeigt.
Dorfstraße 16 |
Tel. (03 82 20) 66 33 0 |
www.galerie-alte-schule-ahrenshoop.de

1 Kunstkaten
2 Bunte Stube
3 Schifferkirche
4 Mühle
5 Dornenhaus
6 Aussichtspunkt am Hohen Ufer
7 Kunstmuseum
8 Neues Kunsthaus
9 Galerie Alte Schule
Übernachten
1 The Grand Ahrenshoop
2 Romantik Hotel Namenlos & Fischerwiege
3 Hotel Charlottenhof
Essen & Trinken
1 Ginger
2 Kaffeemühle
3 Bäckerei Hagedorn
4 Räucherhaus
Ostsee
Saaler Bodden
Ostseebad Ahrenshoop
Ortsteil Althagen
Ortsteil Niehagen
Start
200 m
N
Radweg in den Darßwald und zum Weststrand
NSG Ahrenshooper Holz
Schifferberg
Strandhalle
Kurverwaltung
Kirchnersgang
Strand-weg
H.-Brass-Weg
Dorfstraße
Paetowweg
Darßer Weg
Feld-weg
Grenzweg
Einkaufszentrum
Bernhard-Seitz-Weg
Hohes Ufer
Weg zum Hohen Ufer
Hafenweg
Hafenbühne
Althäger Straße
Boddenradweg nach Born
Born, Bodstedt, Zingst
Ribnitz-Damgarten
Wustrow 2,5 km
Bakelberg
Wiesenweg
Fulge

In Ahrenshoop verstecken sich viele Häuser hinter üppigem Grün

Spaziergang durch Ahrenshoop

Ein Spaziergang durch Ahrenshoop ist ein Feuerwerk der Sinneseindrücke: An jeder Ecke trifft man auf ehemalige Fischerkaten mit blumenreichen Vorgärten oder liebevoll gepflegte Strandvillen. In einigen Rohrdachhäusern verbergen sich Kunstgalerien, die teils nur zu Fuß über sandige Wege zu erreichen sind.

Guter Startpunkt eines Rundgangs ist der **Kunstkaten** 1 (▸ Seite 50), das leuchtend blaue Reetdachhaus am Strandweg direkt hinter den Dünen. Von dort führt der Strandweg bis zur Ecke Dorfstraße. Hier fällt die **Bunte Stube** 2 mit dem markanten Holztürmchen und der geschwungenen Fassade ins Auge. Sie wurde nach Plänen des Bauhaus-Architekten Walter Butzek 1929 gestaltet. Früher ein Ausstellungsraum, lädt heute in dem rot-weißen Bau ein Buch- und Kunsthandwerksladen zum Stöbern ein.

Von der *Bunten Stube* geht es links in die Dorfstraße mit ihrer teils historischen Bebauung. Nach knapp 400 Metern zweigt rechter Hand der Paetowweg ab. An der nächsten Ecke steht linker Hand die reetgedeckte **Schifferkirche** 3. Die moderne Holzkirche (1951) in der Form eines umgedrehten Schiffes ist ein architektonisches Kleinod. Aus dem Stamm einer Pappel schuf die Bildhauerin Doris Oberländer-Seeberg einen Großteil der Inneneinrichtung. Die Schiffsmodelle an der Decke stammen von dem Ahrenshooper Kapitän Heinrich Voß. Auf dem denkmalgeschützten Friedhof hinter der Kirche liegen Künstler und Seefahrer begraben. In der vom Paetowweg abzweigenden Straße Schifferberg stehen rechter Hand einige Häuser von Mitgliedern der Malerkolonie.

Zum **Schifferberg** selbst aber geht es weiter den Paetowweg bergan und aus Ahrenshoop heraus. Von der fast 15 Meter hohen Erhebung bietet sich ein schöner Rundblick über eine weite Wiesenlandschaft bis zum Bodden. An der Einmündung rechts und am nächsten Abzweig auf den Wiesenpfad halbrechts abgebogen, erblickt man bald die stattliche, wieder aufgebaute **Mühle** 4 von Ahrenshoop. Gleich darauf gelangt man rechter Hand wieder ins Dorf. Der nächste sandige Dorfweg links führt zum **Dornenhaus** 5. In dem alten Fachwerkhaus mit tief heruntergezogenem Rohrdach ist eine Galerie untergebracht.

Zurück entlang des Baches gelangt man wieder zur Dorfstraße, die überquert wird, um schräg gegenüber in den **Grenzweg** einzubiegen. Genau hier verlief die Grenze zwischen Mecklenburg (Richtung Wustrow) und Pommern (Richtung Darß). Man folgt dem Weg wenige hundert Meter bergan bis zum **Aussichtspunkt am Hohen Ufer** 6. Von hier hat man einen traumhaften Blick auf Dünen, Strand und Ostsee.

Vom Rondell unterhalb der Aussichtsplattform geht es weiter rechts über den Paul-Müller-Kaempff-Weg, bis rechts der schmale Weg zum Steilufer abzweigt. Auch hier hat man immer wieder tolle Ausblicke auf das Meer und den Strand, der sich 10 Meter unterhalb des Steilufers ausbreitet. Angekommen an einem weiteren, diesmal sandigen Rondell, führt links der Weg zum Hohen Ufer hinunter zum **Kunstmuseum** 7.

Strand

Feiner Sandstrand rechter und linker Hand des Ortes. Der Strand auf Steilküstenhöhe in Richtung Wustrow wird schmal und steinig. Die DLRG wacht in Ortsnähe. Den Textilstränden im Ort schließen sich ohne Kennzeichnung FKK-Strände an.

Praktische Tipps

Gut zu wissen

Kurverwaltung
Informationen und Zimmervermittlung, WLAN-Zugangsdaten.
18347 Ahrenshoop | Kirchnersgang 2 | Tel. (03 82 20) 66 67 88 | www.ahrenshoop.de

Ortsführung
Treffpunkt an der Kurverwaltung, Dauer 2,5 Stunden.
Apr.–Okt. Mi 10 Uhr, Dez.–März Mi 11 Uhr

Literarische Ortsführung
Literarische Führungen durch Ahrenshoop mit Kristine von Soden. Die Autorin mehrerer Bücher über Ahrenshoop (▸ Seite 48) führt kenntnisreich und humorvoll durch die Welt von Künstlern und Schriftstellern, die in Ahrenshoop ihre Spuren hinterlassen haben.
In der Saison jeweils donnerstags 11 und 15 Uhr

Gut gebettet

The Grand Ahrenshoop 1
Der große, unübersehbare gläserne Kasten an der oberen Dorfstraße ist die feinste Adresse in Ahrenshoop. Zu DDR-Zeiten stand hier das ebenfalls sehr ausladende Kurhaus. Geboten werden 80 luxuriöse Zimmer mit Teppichboden und bodentiefen Fenstern, zur Meerseite hat man einen grandiosen Seeblick. Die oberste Etage heißt zurecht *Weitblick,* dort bietet das Restaurant mit Bar einen 360-Grad-Rundumblick auf das Fischland. Für Tiefenentspannung sorgen eine Pool- und Saunawelt sowie Massagen, Ayurveda- und Beauty-Angebote. Das Hotel macht

zarte Schritte in Richtung mehr Umweltfreundlichkeit: In der Garage gibt es E-Lade-Stationen und die Kaffeepads für die Nespresso-Maschinen sind aus Holzspänen und somit kompostierbar.
Schifferberg 24 | Tel. (03 82 20) 67 80 | www.the-grand.de | €€€

Romantik Hotel Namenlos & Fischerwiege 2
Auf mehrere Gebäude verteiltes Hotel, Zimmer unterm Reetdach, verschiedene Saunen. Die *Fischerwiege* (mit Innenpool) liegt schön ruhig mit Grünblick am Hang des Schifferbergs. Restaurant *Namenlos* mit feiner, bodenständiger Küche. Auf der Karte stehen unter anderem fangfrischer Fisch, Darßer Wild und Mecklenburger Bauernente.
Am Schifferberg 9 und Dorfstraße 44 | Tel. (03 82 20) 60 62 00 | www.hotel-namenlos.de | €€–€€€

via Tipp **Hotel Charlottenhof** 3
Kleines, feines Hotel in historischem Gebäude, in ruhiger Lage am Grenzweg. Hier logierte schon der Gründer der Künstlerkolonie, Paul Müller-Kaempff. Die zwölf Zimmer, die teils auch in Nebengebäuden liegen, sind individuell und stilsicher eingerichtet. Mit Café-Restaurant und Garten.
Grenzweg 3 | Tel. (03 82 20) 3 02 | www.charlottenhof-ahrenshoop.de | €€–€€€

Von Suppe bis Torte

Ginger 1
Restaurant im Bistro-Stil im *Haus Elisabeth von Eicken*. Moderne Küche mit regionalen Zutaten, Fisch und Fleisch vom Grill, Salate, Suppen, Kaffee & Kuchen, Cocktails und Weine. Auch vegetarische Gerichte stehen auf der Karte. Mit Wintergarten und großer Terrasse.
Dorfstraße 39 | Tel. (03 82 20) 66 95 35 | www.elisabeth-voneicken.de

via Tipp **Kaffeemühle** 2
Café auf zwei Etagen in der wieder aufgebauten Holländermühle. Neben hausgebackenem Kuchen und fair gehandeltem Kaffee gibt es auch herzhafte Suppen und Aufläufe. Im Sommer sitzt man im schönen Garten und kann die Schafe auf der benachbarten Weide beobachten.
Feldweg 7 | Tel. (03 82 20) 66 83 43 | www.muehle-ahrenshoop.com

Bäckerei Hagedorn 3
Im Kaffeegarten der Bäckerei Hagedorn treffen sich alle: Einheimische und Touristen, SUV-Fahrer und Radtouristen, Alte und Junge. Am Tresen gibt's feine hausgemachte Backwaren, darunter auch die mit Marzipan gefüllte Lerche.
Dorfstraße 37 | Tel. (03 82 20) 8 06 41

Räucherhaus 4
Kultige Fischgaststätte am Althäger Hafen. Aal, Makrele und Lachs kommen in der Saison täglich frisch aus der Räucherkammer. Auch fangfrischer Bodden- und Ostseefisch. Dazu gibt es Biere aus der hauseigenen *Fischland-Brauerei*. Auf der Terrasse sitzt man schön mit Blick auf Hafen und Bodden. Das *Räucherhaus* vermietet auch Ferienwohnungen.
OT Althagen | Am Althäger Hafen | Tel. (03 82 20) 69 46 | Tgl. ab 11.30 Uhr

Kaufen & stöbern

Bunte Stube
In dem traditionsreichen Laden mit der auffälligen Fassade im Bauhaus-

stil werden seit 1922 gute Bücher, stilvolles Kunsthandwerk und ausgewählte Naturwaren angeboten.
Dorfstraße 24 | Tel. (03 82 20) 2 38 |
www.bunte-stube.de |
Mo–Sa, außerhalb der Saison leicht eingeschränkte Öffnungszeiten

Klünder Keramik
Schlichte Gebrauchskeramik in schönen Erdtönen des Kunsthandwerkers Johann Klünder.
OT Althagen | Fulge 3 |
Tel. (03 82 20) 2 64 | Tgl. 10–18 Uhr

Aktiv & sportlich

Reiterhof Andreas Völkner
Ausritte, Kutsch- und Kremserfahrten, auch Übernachtungsmöglichkeiten.
OT Althagen | Althäger Straße 60 |
Tel. (03 82 20) 2 12 |
www.reiterhof-andreas-voelkner.de

Bootsfahrten

via Tipp **Zeesbootfahrt**
Besonders erlebnisreich ist eine Zeesbootfahrt mit der *Sannert* oder der *Blondine*, zwei prachtvollen Exemplaren dieser alten Schiffe. Der Kapitän, Herr Schönthier, gilt als erfahrenster Zeesbootsegler, was seine häufigen Gewinne bei Zeesbootregatten belegen. Er verfügt noch über die Berechtigung, das traditionelle Fischen, das sogenannte „Zeesen", auszuüben.
Buchung über das Räucherhaus |
OT Althagen | Am Hafen |
Tel. (03 82 20) 69 46 |
Im Sommer tgl. 10/12/14/16/18 Uhr |
Fahrzeit ca. 1,5 Stunden

Fahrradverleih

Fahrradverleih Shop 8
Freundliche Bedienung, relativ neue Räder. Auch Sporträder und E-Bikes. Gegenüber vom Kunstmuseum.
Bernhard-Seitz-Weg 18a |
Tel. (03 82 20) 16 40 51 |
März–Okt. 9–18 Uhr

Wurde originalgetreu wieder aufgebaut: die Mühle von Ahrenshoop

Tour 1: Fischlandtour: Dörfer, Meer & Bodden

Diese Wanderung führt zu allen Dörfern und zu den schönsten Ausblicken auf dem Fischland. Sie ist auch per Rad machbar, wenn man stellenweise schiebt.

Charakteristik: Leichte Wanderung oberhalb der Steilküste und am Bodden entlang

Start: Ahrenshoop, Grenzweg

Ziel: Ahrenshoop, Weg zum Hohen Ufer

Strecke: Ahrenshoop – Hohes Ufer – Bakelberg – Wustrow – Barnstorf – Niehagen – Althagen – Ahrenshoop

Entfernung: ca. 13 km

Dauer: etwa 3–4 Stunden

Einkehrtipp: *Räucherhaus am Althäger Hafen* (▸ Seite 54)

Start am Ende des Grenzwegs an der Aussichtsplattform in Ahrenshoop: Eingebogen in den Paul-Müller-Kaempff-Weg schlängelt sich rechts bald ein von Sanddorn und Wildrosen gesäumter Weg entlang des **Hohen Ufers** auf das Kliff bis nach Wustrow. Diese imposante Erhebung aus Mergel und Sand ist ein „aktives Kliff". Der Weg ist nicht ganz ungefährlich – immer wieder kommt es zu Abbrüchen.

Auf halbem Weg nach Wustrow stößt man auf einen kleinen Wanderweg, der etwas landeinwärts zum größten Berg der Halbinsel führt: dem **Bakelberg.** Das Besteigen ist allerdings ohne alpinistische Ausrüstung möglich, erhebt er sich doch nur 18 Meter über den Meeresspiegel. Oben angekommen wartet neben der Skulptur *Liegendes Paar* auch eine Picknickbank. Von hier aus bietet sich ein herrlicher Panoramablick: Westlich liegt das Meer, in östlicher Richtung blickt man auf den Bodden.

Weiter geht es an der Steilküste. Metertief fällt das lehmige und dadurch gelb leuchtende Steilufer unvermittelt zu einem schmalen und steinigen Strand hin ab. Die unzähligen kleinen Löcher in der Steiluferwand sind Brutröhren von Uferschwalben, die gesellig in Kolonien brüten. Früher war an diesem Küstenabschnitt die NVA vertreten. Diverse Bunker dienten der Seeüberwachung. Einer ist bereits auf den Strand gefallen, ein anderer schon vom Wasser umspült. Trotz der Steindämme und Bohlen fordert das Meer hier jedes Jahr 10 Meter vom Land.

Nachdem man die **Seebrücke in Wustrow** erreicht hat, geht es über die Strandstraße durch den ehemaligen Seefahrerort zum **Boddenhafen** und weiter zum Ortsteil **Barnstorf** (Spaziergang durch Wustrow ▸ Seite 41). Von hier folgt man dem Boddenwanderweg, der nahe am Wasser entlang bis nach Ahrenshoop führt. Nur wenige Wanderer führt es in diesen Winkel der Halbinsel. Bald erreicht man die ersten Häuser der Ortschaft **Niehagen,** die schon wieder zu Ahrenshoop gehört. Da der Wanderweg hier nicht direkt am Wasser weiterführt, weicht man über die Bauernreihe auf die Hauptstraße aus, folgt dem straßenbegleitenden Radweg, um kurz darauf am Boddenweg wieder zum

Wasser hin abzuzweigen. Nun geht es wieder nur am Bodden entlang, der sich hinter einem dicken Schilfgürtel versteckt, vorbei an malerischen Reetdachhäusern bis zum beschaulichen **Althäger Hafen.** Vom Hafen geht es zum Boddenwanderweg, in den man rechts einbiegt. Geradeaus und dem Linksknick gefolgt, erreicht man die Hauptstraße, wo rechter Hand das **Ahrenshooper Kunstmuseum** liegt. Hier beginnt auch der alleeartige „Weg zum Hohen Ufer", der zur Ostsee führt.

Der Darß

Die wilde Mitte

Der landschaftliche Höhepunkt der Halbinsel ist der Darß in ihrer Mitte. Hier liegen der Darß-Urwald, der einsame Weststrand und zwei verträumte Boddendörfer.

Der Name „Darß" stammt vom slawischen „drazd", was so viel wie „Laubwald" bedeutet. So verwundert es nicht, dass das Herzstück des Darß der 50 Quadratkilometer große, urwaldartige **Darßwald** ist. Das Naturparadies wird im Westen von einer beeindruckenden, wilden Küste, dem **Weststrand,** und im Norden von einem breiten, weißen Sandstrand gesäumt.

Vordarß, Altdarß & Neudarß

Der Darß besteht aus drei Abschnitten, die sich aus ihrer geologischen Entwicklungsgeschichte ergeben. Im Süden, zwischen Ahrenshoop und Born, erstreckt sich der flache **Vordarß,** ein etwa 4000 Jahre altes Versumpfungsmoor. Der als Weideland genutzte Landstrich ist von Entwässerungsgräben durchzogen und boddenseitig durch einen Deich geschützt. Kern und erdgeschichtlich ältester Teil ist der **Altdarß.** Diese Endmoränenlandschaft entstand vor circa 12000 Jahren. Der sich nördlich anschließende **Neudarß** entstand erst vor etwa 2500 Jahren durch stete Sandanlandungen. Doch noch heute erfährt das Land durch die Naturgewalten des Windes und der Meeresströmung weitere Veränderungen. An stürmischen Tagen kann man direkt zusehen, wie das Meer ungebremst am Darßer Weststrand nagt. Doch was Wind und Wellen hier der Küste entreißen, landet an der Nordspitze des Darßes, dem **Darßer Ort,** durch Anspülungen von Sand wieder an. Bis zu zehn Meter wächst die Küste hier jährlich ins Meer.

Darßwald & Darßdörfer

Obwohl der Darßwald heute stellenweise wie ein Urwald wirkt, wurde er doch seit dem Mittelalter forstlich genutzt. Erst mit Gründung des Nationalparks 1990 wurde in der Kernzone des Darßwaldes die forstliche Nutzung beendet. Im 20. Jahrhundert war der Darßwald ein beliebtes Jagdgebiet. Während der Nazi-Herrschaft ging Hermann Göring hier auf die Jagd, später Erich Honecker.

Ein Erbe aus der intensiven Forstwirtschaft des Darßwaldes ist das großzügige, schachbrettartig angelegte Wegesystem.

Im Windschatten des Darßwaldes liegen an der schilfumsäumten Boddenküste die stillen Dörfer **Born** und **Wieck,** denen sich nordwestlich das lebhafte Ostseebad **Prerow** anschließt. „Born hat das Land, Wieck hat den Sand und Prerow den Strand", behauptet ein alter Spruch. Dieser will ausdrücken, dass es den Prerowern mit ihrem florierenden Badebetrieb und den Bornern mit ihrer umfassenden Landwirtschaft noch vergleichsweise gut ging, während den Wieckern die Rolle der armen Schlucker zugewiesen war.

◂ Den Leuchtturm mit dem angeschlossenen Natureum am Darßer Ort sollte man unbedingt besuchen

Born

Born (circa 1 100 Einwohner) ist das idyllischste der Darßdörfer. Viele der alten Reetdachhäuser strahlen in bunten Farben. An einigen Stellen öffnet sich das Dorf zum schilfbewachsenen Bodden.

Eingebettet in Wiesen und Wald schmiegt sich das lang gestreckte Dörfchen in eine Bucht des Saaler Boddens. Schmucke Fischer-, Bauern- und Seemannshäuser prägen mit ihren Rohrdächern und Darßer Haustüren den Ort.

Vor allem Naturfreunde wählen Born gern als Urlaubsort, denn seine zentrale Lage macht das Dorf zum idealen Ausgangspunkt für Wanderungen in den Darßwald oder Radtouren über die gesamte Halbinsel. Aber auch Segler, Surfer und Angler kommen hier voll auf ihre Kosten. In kleinen Buchten haben Boote ihre Liegeplätze und im neu ausgebauten Hafen ankern Segeljachten. Von hier blickt man auf die Gras- und Schilfinsel Bülten. Zum Baden im Meer sind es sieben Kilometer bis zum West- oder Nordstrand bei Prerow.

Der Name des Boddendörfchens leitet sich her vom slawischen Wort „bori“, was „Föhrenwald“ bedeutet und auf die Lage am Waldrand anspielt. Diese Lage veranlasste wohl auch die Pommernfürsten im Mittelalter in der Nähe des heutigen Hafens ein Jagdhaus zu errichten, von dem aus sie zur Jagd ziehen konnten. Auf den zugehörigen, bewirtschaftbaren Ländereien siedelten Bauern.

Schifffahrt & Landwirtschaft

Mit dem Aufkommen der Segelschifffahrt änderte sich auch in Born das Bild schlagartig: Die Bevölkerung wuchs, die Streusiedlung entstand, zu den Bauern gesellten sich Schiffseigner, Schmiede sowie Seiler und neben den einfachen Bauernkaten entstanden behäbige Kapitänshäu-

Einst von einem Schiffskapitän erbaut: Peterssons Hof in der Mitte von Born

In Born kann man viele schöne Fischerkaten entdecken

ser. Der Niedergang der Segelschifffahrt im 19. Jahrhundert bedeutete für Born aber im Gegensatz zum Nachbardorf Wieck keine völlige Verarmung, da nun verstärkt Landwirtschaft betrieben wurde. Denn Born verfügte damals wie heute über bestes Acker- und Weideland. Bis in die jüngste Vergangenheit prägte daher die Landwirtschaft den Ort. In den DDR-Jahren wurde ein agrarischer Großbetrieb mit Ställen für die Massentierhaltung errichtet. Einige leerstehende Ruinen davon finden sich noch heute.

Die ersten Badegäste kamen erst ab 1930, doch mittlerweile ist der Tourismus das Zugpferd des Ortes. Längst stehen nun kleine Ferienhauskolonien zwischen den alten Fischer- und Bauernhäusern.

Borner Dorffeste

Nicht entgehen lassen sollte man sich eines der zahlreichen traditionellen Dorffeste, bei denen die Borner gerne in bunten Trachten das Tanzbein schwingen. Wer gar zur Faschingszeit vorbeikommt, den erwartet ein nicht alltägliches Schauspiel. Die Einwohner des Dorfes entwerfen wochenlang hinter geschlossenen Fensterläden fantasievolle Kostüme für den Maskenball. Zum Ball gehen die Borner nämlich so stark verkleidet und maskiert, dass schon mancher seinen eigenen Nachbarn nicht erkannt hat. Erst nach der Demaskierung um Mitternacht erfährt man, wer sich hinter der Verkleidung verbirgt. Auch das Fastnachts-Tonnenabschlagen ist ein Teil des närrischen Treibens.

Strand

Der unbewachte Boddenstrand am Campingplatz eignet sich mit seinem feinen Sand zum Baden.

Viel spektakulärer ist der Weststrand an der sieben Kilometer entfernten Ostseeküste, der ebenfalls zu Born gehört. Man erreicht ihn in 30 Min. per Fahrrad durch den Darßwald.

Spaziergang durch Born

Für einen Spaziergang durch das Dorf sollte man sich etwas Zeit nehmen, denn die schönsten Häuser muss man suchen und sich erwandern. Der Weg führt durch verwinkelte und verschachtelte Dorfstraßen, teils mit Kopfsteinpflaster oder über einfache Sandpisten.

Die ältesten Häuser findet man im westlichen Teil der **Nordstraße** (zum Beispiel Nr. 29). Zahlreiche behäbige Kapitänsvillen und Bauernkaten mit tief heruntergezogenen Schilfdächern und schönen Vorgärten sind vor allem in der **Chausseestraße** (zum Beispiel Nr. 17, 45, 54, 79) oder der Südstraße zu entdecken. Blickfang sind die geschnitzten und mit farbenfrohen volkstümlichen Motiven bemalten Haustüren. Während die in einen Pferdekopf auslaufenden Giebelzeichen vor Feuer und Sturm schützen sollten, verhießen die häufigen Sonnensymbole auf den Türen einen Willkommensgruß für die heimkehrenden Seefahrer. Noch heute hält man in Born an dem alten Brauch der Seemannskultur fest, die Bemalung jährlich aufzufrischen.

Am **Bäckergang** treffen wir auf eine riesige **Dorflinde** 1, die schon im 17. Jahrhundert den Mittelpunkt des Dorfes bildete. Hier liegt auch *Peterssons Hof*, der 1833 vom Kapitän Carl von Petersson als erstes Hotel auf dem Darß gebaut wurde. Nach Jahren des Leerstands und des drohenden Verfalls wurde das Gebäude intensiv rekonstruiert. Besonders zu empfehlen ist das teilweise mit antikem Mobiliar ausgestattete Café in der alten Scheune.

Seit 1935 besitzt Born auch eine **Fischerkirche** 2. Die einfache Holzkirche mit Reetdach wurde nach Entwürfen des Hamburger Architekten Bernhard Hopp errichtet, der auch die den Altarraum zierenden Holzfiguren geschnitzt hat. Sie steht auf einer weiten Wiese am Rande des Kirchwegs. Gelegentlich finden in ihr auch Konzerte statt.

Zurück auf der Chausseestraße, ist das **Forst- und Jagdmuseum Ferdinand von Raesfeld** 3 einen Besuch wert. Die 1771 erbaute Oberförsterei gehört zu den ältesten Gebäuden Borns. Die Ausstellung des 1996 eröffneten Museums befasst sich mit dem Leben und Wirken des Forstmeisters Ferdinand von Raesfeld und der Darßer Forstgeschichte. Ohne das Aufforsten des preußischen Forstmeisters wäre der Darßwald an vielen Stellen licht und baumlos (in der Saison Di–So 10–16 Uhr).

In der Saison lockt das **Sommertheater** 4 in der Chausseestraße die Gäste aus der Region mit Theateraufführungen und Konzerten, sowie die Freilichtbühne Born neben dem Jagdmuseum.

Praktische Tipps

Gut zu wissen

Kurverwaltung
Zimmervermittlung und Informationen direkt an der Bushaltestelle Born Mitte.
18375 Born | Chausseestraße 73b |
Tel. (03 82 34) 5 04 21 | www.darss.org |
Mo–Fr 10–17 Uhr,
Mai–Okt. auch Sa 10–15,
Juli–Sep. auch So 10–15 Uhr

Ortsrundgang
Treffpunkt an der Haltestelle vor der Kurverwaltung.
Mai–Okt. jeden Di 10 Uhr

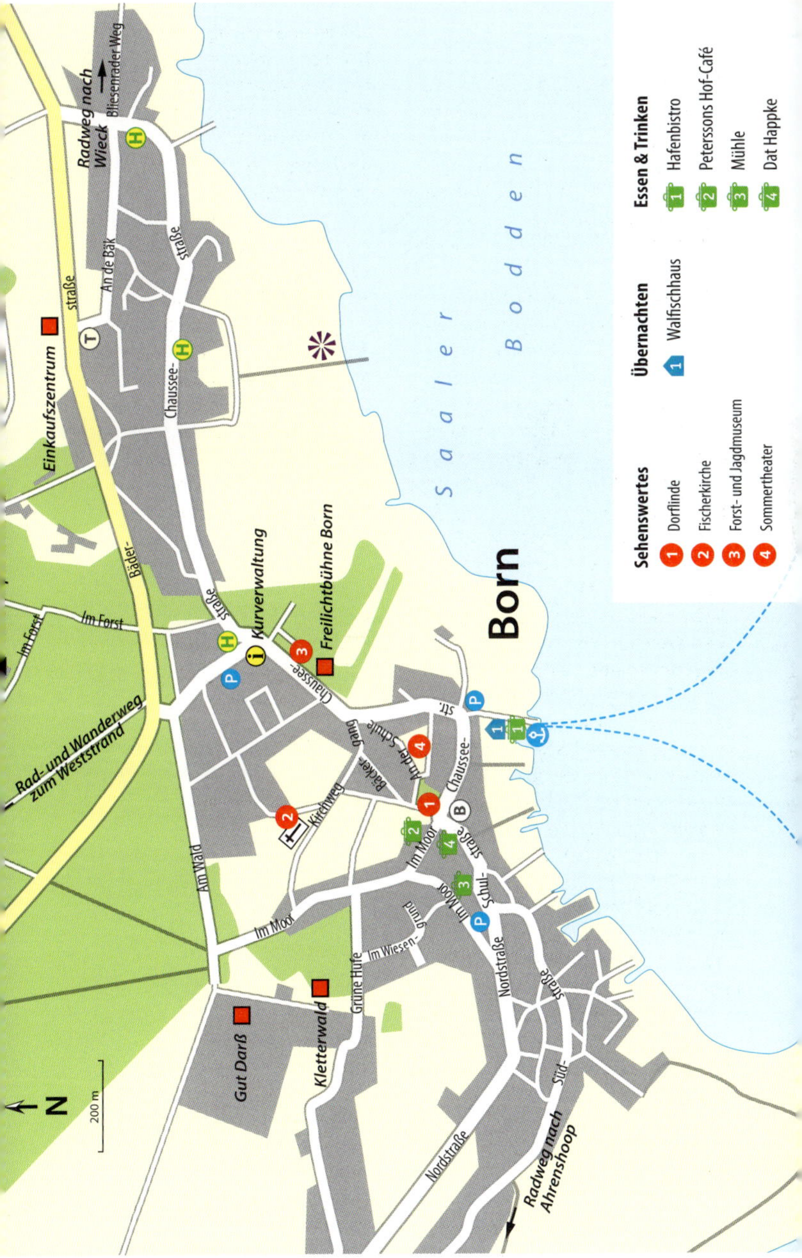
Born
Saaler Bodden
Sehenswertes
1 Dorflinde
2 Fischerkirche
3 Forst- und Jagdmuseum
4 Sommertheater
Übernachten
1 Walfischhaus
Essen & Trinken
1 Hafenbistro
2 Peterssons Hof-Café
3 Mühle
4 Dat Happke
Kurverwaltung
Freilichtbühne Born
Einkaufszentrum
Gut Darß
Kletterwald
Radweg nach Wieck
Radweg nach Ahrenshoop
Rad- und Wanderweg zum Weststrand
Bliesenrader Weg
An de Bäk
Chaussee-straße
Bäder-straße
Im Forst
Am Wald
Im Moor
Kirchweg
Bäckergang
An der Schule
Chaussee-str.
Schul-straße
Im Wiesen-grund
Grüne Hufe
Nordstraße
Süd-straße
N
200 m

Gut gebettet

Walfischhaus 1

Hübsche Pension in restauriertem Kapitänshäuschen am Hafen. Sieben helle, geräumige Zimmer mit Holzdielen im skandinavischen Stil, teils mit Balkon/Terrasse. Im Restaurant gibt es regionale Landhausküche mit frischen Zutaten, Fisch aus Bodden und Ostsee. Nachmittags hausgemachte Kuchen und Torten. Terrasse mit Boddenblick.

Chausseestraße 74 |
Tel. (03 82 34) 5 57 84 |
www.walfischhaus.de | €€

Jugendherberge

JH Ibenhorst

Umweltjugendherberge mit Betten in Bungalows und bunten Schwedenhäusern. Etwa 3 km außerhalb (Richtung Ahrenshoop) abseits der Straße im Nationalpark gelegen. Die Buslinie 210 hält an der Zufahrtsstraße.

Born-Ibenhorst | Im Darßer Wald |
Tel. (03 82 34) 2 29 |
www.jugendherbergen-mv.de

Camping

Regenbogen Camp Born

Campingplatz zwischen Wald und Wiesen am Saaler Bodden. Verleih von Fahrrädern und Paddelbooten. Außerdem Reiten, Surfschule, Segeln und Sommerkino.

Nordstraße 86 | Tel. (03 82 34) 2 44 |
www.regenbogen.ag/ferienanlagen/born |
Apr.–Okt.

Von Suppe bis Torte

Hafenbistro 1

Frischer Fisch, einfach aber gut zubereitet. Direkt am Hafen, mit tollem Blick auf den Bodden.

Chausseestraße 74c

Peterssons Hof-Café 2

Gemütliches Café und Restaurant mit antikem Mobiliar, Terrasse unter Linden, offener Kamin. Es werden überwiegend regionale Produkte verwendet, vieles in Bio-Qualität.

Bäckergang 12b | Tel. (03 82 34) 55 57 60 |
www.peterssonshof.com | Mi Ruhetag

Mühle 3

In der restaurierten Mühle wird regional mit frischen Produkten gekocht – das beste Restaurant in Born (▸ Seite 27). Wer Mühlenzauber mit Ausblick genießen möchte, kann die Ferienwohnung über dem Restaurant mieten.

Nordstraße 2 | Tel. (03 82 34) 4 72 |
www.muehle-born.de | So und Mo Ruhetag

Dat Happke 4

Frisch belegte Fischbrötchen, darmlose Currywurst, Chicken-Nuggets mit Crunchy-Pommes: Im Edel-Imbiss *Dat Happke* gibt es Qualitäts-Fastfood, hergestellt mit vielen regionalen Produkten. Auch die Softeiskreationen mit ausgefallenen Toppings wie Walnusskrokant sind erste Sahne.

Schulstraße 1 | Tel. (03 82 34) 55 80 77 |
www.dat-happke.de | Tgl. 12–18 Uhr

Kunst & Kultur

Sommertheater

Die Kleinkunstbühne der Kurverwaltung zeigt Kabarett, Lesungen und Konzerte von Apr.–Okt. Sie fasst knapp 60 Personen, deshalb rechtzeitig reservieren! Programm in der Kurverwaltung (▸ Seite 62).

Chausseestraße 90 | Tel. (03 82 34) 5 04 21

Galerie Born

Die ambitionierte Galerie widmet sich zeitgenössischer Kunst, alle 4–6 Wochen wechselnde Ausstellungen.

Südstraße 22 | Tel. (03 82 34) 67 48 04 |
www.galerie-born.de |
Mi/Do–So 11–17 Uhr

Aktiv & sportlich

Neumann's Fahrradshop
Verkauf, Verleih und Reparatur, E-Bikes.
Im Moor 2 | Tel. (03 82 34) 2 72 |
Mai–Okt. tgl. 9–18 Uhr

Reiterhof Kafka
Reitunterricht, geführte Ausritte, Kutsch- und Kremserfahrten durch den Darßer Wald.
Im Moor 17/Grüne Hufe 6 |
Tel. (01 70) 7 56 94 95 |
www.reiterhof-kafka.de

Kitesurf & Kanu
Kurse und Verleih, Surfstrand neben Campingplatz.
Regenbogen Camp | Nordstraße |
Tel. (03 82 34) 5 55 82 |
www.kiten-lernen.de

Bootsfahrten

MS Heidi
Das kleine Fahrgastschiff tuckert über den Bodden in 30 Minuten nach Bodstedt und weiter nach Prerow.
Reederei Rasche | Auf dem Ende 8 |
Tel. (03 82 34) 2 10 |
www.reederei-rasche.de |
Juni–Aug. Di–So 9.50 und 15 Uhr,
Mai Di–So 9.50 und 14 Uhr,
Apr.–Okt. eingeschränkter Verkehr

Boddenrundfahrt mit MS Wustrow
Boddenrundfahrten zur Naturlandschaft der Borner und Neuendorfer Bülten und nach Wustrow.
Fahrgastbetrieb Kruse und Voß |
Tel. (03 82 20) 5 88 |
www.boddenschifffahrt.de |
Mai–Sep. Di–Sa 11.45/15.15 Uhr

Gut Darß
Der etwas andere Gutshof

Auf Gut Darß wird seit 1992 ökologische Landwirtschaft betrieben. Schafe und Pferde bevölkern die Weiden ebenso wie Wasserbüffel. Neben **Hofladen, Hof-Café, Streichelgehege** und geführten Gutsbesichtigungen locken aber vor allem die originellen Freizeitangebote: Kletterspaß für die ganze Familie auf wackeligen Hängebrücken und mit rasanten Seilbahnen gibt es im **Kletterwald.** Auf der **18-Loch-Minigolfanlage** sorgen natürliche Hindernisse und eine fantasievolle Gestaltung für einen hohen Spaßfaktor. Weitere Attraktionen sind **Eisstockschießen** und **Naturkegeln.** Im **Hofladen** des Gutes kann man u. a. Rind- und Wildspezialitäten probieren und kaufen. Das Biofleisch entstammt ausschließlich eigener Zucht.
Am Wald 26 | Tel. (03 82 34) 50 60 |
www.gut-darss.de

Wieck

Still und fast weltabgeschieden liegt das kleine Darßdorf Wieck (circa 760 Einwohner) am Bodden. Rundherum breitet sich der Nationalpark Vorpommersche Boddenlandschaft aus. Mitten im Dorf steht die Darßer Arche, das Naturparkzentrum mit dem Schiffsrumpf.

Umgeben von Wiesen und Viehweiden liegt das kleinste Darßdorf abgelegen am Ufer des Bodstedter Bodden. Der niederdeutsche Name des Dorfes bedeutet „Bucht" und beschreibt die idyllische Lage zwischen zwei Landzungen. Die ländliche Atmosphäre sowie die ruhige Boddenlage machen den kleinen Ort zu einem Paradies für alle, die Ruhe und Erholung suchen und doch nicht weit von den Darßattraktionen untergebracht sein wollen. Weststrand, Nordstrand und Prerow sind selbst mit dem Fahrrad nicht weit entfernt und die Wege dahin führen stets durch wunderschöne Landschaft.

Bei so viel Beschaulichkeit möchte man kaum glauben, dass zu Zeiten der großen Segelschifffahrt im Wiecker Hafen mehr Schiffe verkehrten als im Hafen von Barth. Noch heute erinnern einige wenige reetgedeckte Kapitänshäuser an diese Blütezeit der Seefahrt, die den Wieckern Anfang des 18. Jahrhunderts zu Wohlstand verhalf. Mit dem Wegfall dieses Erwerbszweiges durch die aufkommende Dampfschifffahrt begann für Wieck jedoch der Abstieg zum ärmsten Ort auf dem Darß. Im Gegensatz zu anderen Orten entwickelte sich der Fremdenverkehr hier sehr spät. Bis heute ist der Tourismus nur gering ausgeprägt, auch wenn in den letzten Jahren etliche neu gebaute Ferienhäuser hinzugekommen sind. Die meisten Besucher sind Tagesgäste, die mit dem Rad auf dem gut ausgebauten Ostseefernradweg nach Prerow unterwegs sind und Wieck für eine entspannende Rast oder einen Besuch des *Nationalpark- und Gästezentrums Darßer Arche* nutzen.

Spaziergang durch Wieck

Neben dem touristischen Hauptanziehungspunkt **Darßer Arche** (1) lassen sich bei einem Dorfspaziergang in Wieck einige Kleinode entdecken. So findet man am Trommelplatz 1 die äußerlich restaurierten Reste der **Doppelbüdnerei** (2) von 1784. Das grün angestrichene Gebäude steht etwas zurückversetzt, ist innen komplett neu gebaut und beherbergt heute Ferienwohnungen (Haus Trommelplatz).

In der Straße **Bauernreihe** sind in Nr. 4 und 14 noch alte Fischerhäuser zu finden. Hier steht auch die nachhaltig orientierte Hauptstütze des Tourismus: das Hotel *Haferland* mit seinem auf feine regionale Küche spezialisierten Restaurant *Gute Stube*.

Auf der dem Bodden zugekehrten Seite der Bauernreihe breitet sich der modernisierte **Seglerhafen** (3) aus. Dort führen zwei lange Brücken ins Wasser. Von hier sieht man zum Ortsteil **Bliesenrade.** Der Weiler, der nur aus einigen Gehöften und Ferienhäusern besteht, liegt malerisch auf einer Landspitze, deren Ausläufer Nadelhaken heißt. Der abgeschiedene Ort wurde erst 1953 an das Elektrizitätsnetz angeschlossen. Man erreicht ihn, indem man am östlichen Ende der Chausseestraße in Born auf den Radweg nach Wieck (Bliesenrader Weg) abbiegt, auf dem es stets geradeaus geht (nicht der Abzweigung links nach Wieck folgen!). Der Uferspaziergang bietet schöne Impressionen der Boddenlandschaft und für Vogelfreunde gute Beobachtungsmöglichkeiten.

via Tipp Nationalpark- und Gästezentrum Darßer Arche 1

In dem Neubau, der wie ein aufgedocktes Schiff aussieht, befindet sich das Nationalpark- und Gästezentrum. Die Ausstellung und Multivisionsschau lädt zu einer virtuellen Reise durch die Boddenlandschaft ein. Wer keine Zeit hat, die Natur selbst zu beobachten, kann sich unter anderem einen Film mit grandiosen Bildern von Europas größtem Kranichrastplatz ansehen, in einem Brandungstunnel der Kraft des Meeres lauschen oder den Stimmen von Rohrweihe und Wildschwein zuhören. Um zwei andere Sinne kümmert sich das freundliche Bio-Café *Fernblau*, das mit duftendem Kaffee und leckerem Kuchen zum Verweilen einlädt (▸ Seite 27). Im angeschlossenen Shop kann man sich mit Büchern, Shirts in Bioqualität und regionalen Produkten versorgen.

Zum Gebäudekomplex der Darßer Arche gehört auch die *Galerie Künstlerdeck* im alten Schulhaus nebenan.

Bliesenrader Weg 2 |
Tel. (03 82 33) 2 01 |
www.darsser-arche.de |
Mai–Okt. tgl. 10–17 Uhr,
Nov.–Apr. Mo–Fr 8–16 Uhr

Strand

Am Bodstedter Bodden gibt es einige unbewachte Badestellen, darunter der flache Kinderstrand nahe dem Sporthafen. Der Nordstrand an der Ostsee bei Prerow ist circa 5 Kilometer entfernt und gut per Rad zu erreichen.

Zeesboot am Wiecker Hafen

Schmugglernest Wieck

Der Johann-Segebarth-Weg erinnert an den 1833 in Wieck geborenen Kapitän und Heimatdichter, dessen bekanntestes Buch *De Darßer Smuggler* heißt. Erzählt wird über den lebhaften Schmuggel, der im 19. Jahrhundert zwischen Vorpommern und dem mecklenburgischen Fischland getrieben wurde. Die Grenze verlief damals von der Recknitzmündung durch den Bodden nach Ahrenshoop.

Hauptsitz der Schmuggler war Wieck. Sie fuhren nachts auf Booten quer über den Bodden. Im Winter, wenn der Bodden zugefroren war, benutzten sie Schlittschuhe. Der riskanteste Abschnitt waren die Engpässe bei Bliesenrade und bei den Borner Bülten, wo die Zöllner und Gendarmen auf der Lauer lagen. Doch man hatte vorgesorgt: Von der Borner Mühle signalisierten Ortskundige mit Lichtzeichen, ob die Luft rein war. Als 1868 Mecklenburg dem Deutschen Zollverein beitrat, war es mit dem einträglichen Nebengewerbe vorbei.

Praktische Tipps

Gut zu wissen

Kurverwaltung in der Darßer Arche
Neben Zimmervermittlung auch Infos zur Vorpommerschen Boddenlandschaft. Dazu gehören der sehr gut sortierte Shop mit tollen Büchern und Souvenirs sowie das schöne *Café Fernblau.*

18375 Wieck | Bliesenrader Weg 2 | Tel. (03 82 33) 2 01 | Juni–Sep. tgl. 9–17, Mai/Okt. tgl. 10–17, Nov.–Apr. Di–Sa 10–16 Uhr

Ortsführung
Treffpunkt ist die Darßer Arche.

Mai–Okt. Mi 10 Uhr

Gut gebettet

Hotel Haferland 1
4-Sterne-Hotel mit Reetdach in ruhiger Lage am Seglerhafen, eines der besten Häuser der Region. Boddenstrand, Sauna, Kräuterdampf- und Hallenschwimmbad. 45 Zimmer im Landhausstil, riesiger Garten mit Kräutern und seltenen Pflanzen. Ausgezeichnete Küche in dem Restaurant *Gute Stube.*

Bauernreihe 5a | Tel. (03 82 33) 6 80 | www.hotelhaferland.de | €€–€€€

Von Suppe bis Torte

Gute Stube 1
Herausragende Aromenküche mit regionalen Produkten im Restaurant des *Hotel Haferland.*

Bauernreihe 5a | Tel. (03 82 33) 6 80

Wirtshaus Tun Eikkoter 2
Reichhaltige, gutbürgerliche Küche, ergänzt durch feine Wild- und Fischspezialitäten. Im *Eikkoter,* Plattdeutsch für Eichhörnchen, werden frische Produkte bei weitgehendem Verzicht auf industrielle Vorfertigungen serviert.

Hauptstraße 20 | Tel. (03 82 33) 60 14 | www.eikkoter.de

Café Freden 3
Superleckerer Kuchen im Café von An-

Sehenswertes
1 Kurverwaltung Darßer Arche
2 Doppelbüdnerei
3 Seglerhafen
Übernachten
1 Hotel Haferland
Essen & Trinken
1 Gute Stube
2 Wirtshaus Tun Eikkoter
3 Café Freden
Wieck
Moorbruch
Brandmaase
Stoeckwiesen
Bodstedter Bodden
Rad- und Wanderweg nach Prerow und Bliesenrade
Rad- und Wanderweg nach Born
N
200 m
Mühlenweg
Nordkaten
Südkaten
In den Wischen
Bauernreihe
Ellernweg
Kielstraße
Müggenberg
Kargweg
Prerower Straße
Kurpark
Brake
Nordseite
Postweg
Postreihe
Hauptstraße
Quergang
Bliesenrader Weg
Strandweg
Cavelhorster Gang
Trommelplatz
Cavelhorst
Bäder-straße

Die Töpferei am Müggenberg ist auf Keramik in Meeresfarben spezialisiert

ka Köhlmann, die vorher das beliebte *Café TonART* in Born betrieben hat.
Müggenberg 15 |
Tel. (03 82 33) 70 18 61 |
Mo–Sa 11–17.30 Uhr

Kaufen & stöbern

Darßer Manufructur
Leckere, auf traditionelle Weise hergestellte Konfitüren, Fruchtaufstriche, Muse und Gelees. Aus Sanddorn, den die Inhaber selbst anbauen, werden nicht nur verschiedenste Brotaufstriche, sondern auch Likör und Schnaps hergestellt.
Kargweg 4 | Tel. (03 82 33) 6 06 09 |
www.darsser-manufructur-neu.de

Töpferei am Müggenberg
Schöne, vom Meer inspirierte Keramik, meist in leuchtendem Türkis.
Müggenberg 9 | Tel. (03 82 33) 6 97 16 |
www.muschelkeramik.de |
Ostern–Ende Okt. tgl. ab 11 Uhr, sonst nach telefonischer Absprache

Bio- und Regionalmarkt
Auf dem Bio- und Regionalmarkt vor der *Darßer Arche* wird Obst, Gemüse, Wurst, Fleisch, Käse, Vollkornprodukte, Marmeladen, Honig und Handgemachtes angeboten.
Vor der Darßer Arche |
Mai–Okt. Mi und Sa 9–13 Uhr

Aktiv & sportlich

Zeesboot Marie Luise
Das 1903 gebaute Zeesboot ist 13 Meter lang und hat Platz für 12 Personen. Kontakt über Martin Rurik.
Tel. (01 74) 4 42 17 50 |
www.zeesbootfahrten.de

Sportboothafen
Hafenmeister ist Herr Hinrich.
Am Hafen | Tel. (01 71) 6 24 09 73

Reffe & Riegen
Sandwälle & Dünentäler

Vom Darßer Ort im Norden bis weit in den Darßwald hinein und bis nach Prerow zeigt sich die Landschaft auf dem Darß in geheimnisvollen Streifen: Hier wechseln sich in ständiger Folge Sandwälle – Reffe – und feuchte Dünentäler – Riegen – miteinander ab.

Grund für das wellenförmige Auf und Ab des Bodens ist die seit vielen Hundert Jahren stattfindende Landneubildung auf dem Darß: Sand wird an der Westküste von der Meeresströmung abgetragen und landet an der Nordspitze wieder an. Dadurch bilden sich im Norden zunächst Sandbänke und Inseln, der Wind häuft dann den trockenen Sand zu Sandwällen (Reffen) auf und bildet damit wiederum Senken (Riegen) oder sogar Strandseen.

In den so entstandenen Sandwällen und den Dünentälern bildet sich eine jeweils ganz unterschiedliche Vegetation. Erste Siedler auf den Sandwällen sind salzliebende Pflanzen, die das Neuland mit Wurzeln befestigen: Dünenheide und Zwergsträucher, Wacholder und Kiefern bilden nach und nach eine Humusschicht, sodass irgendwann Birken, Eichen und schließlich Buchen einen Mischwald bilden können. Die vom Meer abgeschnittenen Seen füllen sich allmählich mit Süßwasser, lassen Röhricht wuchern und bilden viele Jahre später Moore und Erlenbrüche.

Wer mehr über den Prozess der Landentstehung auf dem Darß erfahren möchte, sollte die Ausstellung im *Natureum Darßer Ort* nicht verpassen (▸ Seite 77).

Die Reffe und Riegen bilden ein grünes Streifenmuster

Ostseebad Prerow

Auch Prerow ist schon lange ein legendärer Ferienort. Zu DDR-Zeiten war besonders der Campingplatz in den Dünen am Nordstrand ein Sehnsuchtsziel. Doch das Seebad (1 700 Einwohner) hat mit seinem hübschen Ortsbild und der Lage am Darßwald noch mehr zu bieten.

Prerow ist ein Seebad mit ganz eigenem Charakter. Das fängt schon mit der Lage an. Der Ort grenzt nicht direkt an die Ostsee, sondern liegt gut 500 Meter davon entfernt hinter einem märchenhaften Küstenwald. Zum herrlichen Strand gelangt man auf teils verschlungenen Waldwegen und über Brücken, die den Prerowstrom überspannen.

Der weiträumige Ort selbst breitet sich in einer leicht welligen Ebene aus. Dort verlaufen alle breiteren Wege oder Straßen in Ost-West-Richtung. Das hat sehr praktische Gründe – denn durch Prerow ziehen sich die typischen Sandwälle und Dünentäler, Reffe und Riegen genannt (▶ Seite 71). Ihre Häuser haben die Dorfbewohner immer auf den höher liegenden, trockenen Sanddünen gebaut. Die natürlichen Senken dazwischen, die Riegen, blieben unbebaut, denn hier staut sich besonders im Frühjahr regelmäßig das Regenwasser.

Lebhaft geht es rund um das kleine Einkaufszentrum an der Waldstraße Ecke Bergstraße zu. Doch auch die historische Ladenstraße an der Seebrücke mit ihren pittoresken Holzhäuschen und eine weitere nahe des Dünenstrandes sind beliebte Anziehungspunkte. Im ganzen Ort verstreut findet man einstöckige, reetgedeckte Häuser mit bunten geschnitzten Türen inmitten blumenreicher Gärten.

Empfehlenswert: das Fischrestaurant Seeblick an der Seebrücke in Prerow

Die Prerower Seebrücke führt weit hinaus aufs Meer

Seebad nach Sturmflut

Früher verband der Prerowstrom die Ostsee mit dem Bodden und trennte den Darß von der Insel Zingst. Aus dieser Tatsache leitet sich auch der Name „Prerow" ab, der aus dem Slawischen stammt und sinngemäß „am Durchbruch liegend" bedeutet. Ab dem 17. Jahrhundert entwickelte sich aus dem einstmals armen Bauerndorf Prerow ein wohlhabender Fischer- und Seefahrerort. Drei Werften und 106 Schiffskapitäne mit dem Patent für große Fahrt zählte man hier in der Mitte des 19. Jahrhunderts.

Doch nach der verheerenden Sturmflut von 1872, die ganz Prerow unter Wasser gesetzt hatte, wurde beim Bau des Seedeichs 1874 als Schutzmaßnahme die Mündung des Prerowstroms zugeschüttet. Als Folge verlor der Ort seinen natürlichen Hafen an der Ostsee und die zahlreichen ansässigen Fischer ihre Lebensgrundlage. Auch mit der Seefahrt ging es bergab. Um der daraus folgenden wirtschaftlichen Not zu entkommen, besannen sich die Einheimischen auf ihre landschaftlichen Vorzüge und gründeten das Seebad. Bald entstanden erste Pensionen und Hotels. Anfangs waren es nur einige hundert Badegäste, aber um 1910 (mit dem Bau der Darßbahn) bereits einige tausend.

Berühmt ist Prerows Nordstrand: Inmitten herrlicher Stranddünen liegt hier der kultigste Campingplatz der deutschen Ostseeküste. Zu DDR-Zeiten – und bis heute – ein FFK-Paradies, ein Refugium für unbeschwerte Freiheit und Lebensfreude in der Natur. Heute heißt der Campingplatz Regenbogencamp und ist mit seinen 800 Stellplätzen nicht mehr so groß wie früher. Aber immer noch eine Welt für sich mit Gaststätten, Läden und vielen Freizeitangeboten.

Spaziergang durch Prerow

Ausgangspunkt ist der **Prerower Hafen** 1 am Altarm des Prerowstroms. Der Hafen entstand erst nach der Schließung der Mündung des Prerowstroms 1874. Davor verband eine kleine Holzbrücke die beiden Ufer. Noch früher verkehrte eine Fähre zwischen Darß und Zingst. Am Hafen liegen die ältesten Ortsteile von Prerow, **Drümpel** und **Krabbenort.** Während der Name Drümpel, was „Haufen" bedeutet, auf die bäuerlichen Ursprünge Prerows verweist, erinnert der Name Krabbenort an die Niederlassung der Krabbenfischer, die früher an der Strommündung Garnelen als Köder für die Fische fingen. Heute liegen im Hafen Fischerboote vor Anker, Fahrgastschiffe und Zeesboote starten zu Boddenrundfahrten.

Vom Hafen sind es nur wenige Meter zur ältesten Kirche der Halbinsel. Die **Prerower Seemannskirche** 2 steht hinter Bäumen versteckt jenseits des Stroms und somit nicht auf Darßer, sondern auf Zingster Boden. Für die Prerower war daher der Besuch des Gottesdienstes bis zur Schüttung des Dammes 1874 mit einer umständlichen Fährfahrt verbunden. Das Gotteshaus wurde 1728 zunächst als Fachwerkbau errichtet und später mehrmals verändert. Mit ihrem hölzernen Turm war sie ein weithin sichtbares Seezeichen für die Seeleute. Der Innenraum der roten Backsteinkirche ist in den maritimen Farben Blau, Grün und Grau gehalten. Von der Decke hängen Schiffsmodelle, die als Votivgaben für erhoffte oder geglückte Rettung aus Seenot gestiftet wurden.

Wieder zurück am Hafen erreicht man über die Hafenstraße und dann rechts über die Strandstraße schnell das **Ortszentrum** 3. Der größte Teil des touristischen Lebens spielt sich rund um die **Waldstraße** ab. Hier befinden sich alle wichtigen Geschäfte, diverse Hotels sowie Restaurants und die Kurverwaltung. Am Beginn der Waldstraße zweigt linker Hand ein schmaler Weg namens Remel ab. Dieser führt in die **Grüne Straße,** in der neben freundlichen Einfamilienhäusern eine Reihe alter Schifferhäuser mit bunten Haustüren (▸ Seite 23) steht (z. B. Nr. 13, 16). Besonders augenfällig ist das reetgedeckte *Eschenhaus* (Nr. 8) von 1779 mit seiner schönen Tür von 1840. Hier lebte bis zu seinem Tode der Darßmaler Theodor Schultze-Jasmer. Eine kleine Querverbindung, die Hagenstraße, führt vorbei an alten Wiesengehöften zur **Buchenstraße,** wo weitere schöne Schifferhäuser zu entdecken sind (z. B. Nr. 12, 20, 26). Auffällig ist der zum Tulpenstrauß stilisierte Lebensbaum an der Tür in der Buchenstraße 26, der für Lebenskraft steht.

Über die Hagenstraße gelangt man wieder zur Waldstraße. Auf ihr geht es zuerst einige Meter nach links zum **Darß-Museum** 4 (▸ Seite 78). Rechts davon liegt der **Kulturkaten Kiek In** 5 (▸ Seite 80). Bald darauf wechselt man die Straßenseite und biegt in den Weg „Im Schüning" ein, der durch die Niederung des Prerowstroms führt. Den Dünenwald hinter sich lassend, gelangt man über die Ladenstraße mit ihren hölzernen Souvenirläden und Imbissbuden zur 390 Meter langen **Seebrücke** 6. Im Sommer lässt sich vom Brückenkopf beobachten, wie die Sonne an der Spitze des Darßer Ortes ins Wasser taucht. Bis 2023 soll hier eine neue Seebrücke mit Nothafen und Bootsliegeplätzen entstehen.

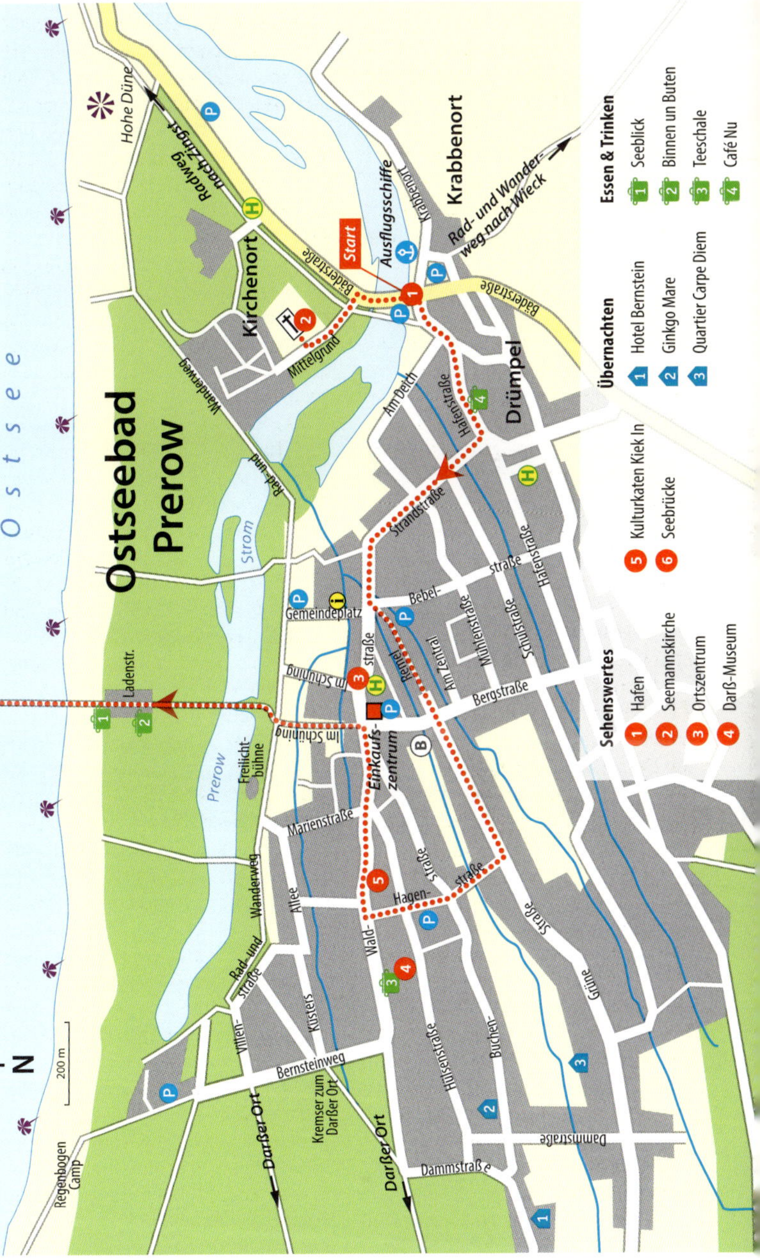
Ostseebad Prerow
Ostsee
N
200 m
Hohe Düne
Radweg nach Zingst
Kirchenort
Krabbenort
Krabbenort
Ausflugsschiffe
Start
Bäderstraße
Bäderstraße
Rad- und Wanderweg nach Wieck
Drümpel
Mittelgrund
Wanderweg
Rad- und
Strom
Prerow
Am Deich
Hafenstraße
Strandstraße
Bebel-straße
Gemeindeplatz
Im Schilfring
Im Schilfring
Waldstraße
Remel
Am Zentral
Mühlenstraße
Schulstraße
Hafenstraße
Bergstraße
Ladenstr.
Freilichtbühne
Einkaufszentrum
Marienstraße
Allee
Wanderweg
Hagenstraße
Straße
Grüne Straße
Rad- und Straße
Villen-
Küsters
Bernsteinweg
Hülsenstraße
Buchen-
Dammstraße
Dammstraße
Kremser zum Darßer Ort
Darßer Ort
Darßer Ort
Regenbogen Camp
Sehenswertes
1 Hafen
2 Seemannskirche
3 Ortszentrum
4 Darß-Museum
5 Kulturkaten Kiek In
6 Seebrücke
Übernachten
1 Hotel Bernstein
2 Ginkgo Mare
3 Quartier Carpe Diem
Essen & Trinken
1 Seeblick
2 Binnen un Buten
3 Teeschale
4 Café Nu

Wilde Schönheit: der Darßer Weststrand

Nordstrand

Knapp 5 Kilometer lang und bis zu 90 Meter breit zieht sich das feinsandige Badeparadies hin. Das Ufer fällt flach ab. Die bewachten Abschnitte sind in der Nähe der Seebrücke. Hier ist der Strand auch oft überlaufen, etwas ruhiger geht es auf der nordwestlichen Seite zu. FKK- und Hundeabschnitte schließen sich in Richtung Osten hinter der Hohen Düne und im Westen nach dem Ortsausgang an.

Darßer Weststrand

(Tour 4 ▸ Seite 88, Karte ▸ Seite 86)

Windumtost, wildromantisch und sich immer wieder erneuernd: Der 12 Kilometer lange Darßer Weststrand gehört zu den eindrucksvollsten Stränden der gesamten Ostseeküste.

Vom Wind bizarr geformte Bäume, so genannte *Windflüchter*, beugen sich über spärlich bewachsene Dünen. Im feinen Sand sammelt sich hier und da von Wind und Strömung angetragenes Strandgut. Da der Strand sehr exponiert liegt und schweren Stürmen ausgesetzt ist, brechen immer wieder Stücke aus dem Ufer – einschließlich der Bäume, die am Küstensaum wachsen. Wurzeln, Äste und Baumleichen bedecken hier den weißen Sand. An diesem Küstenabschnitt wird Sand abgetragen und mit der Strömung nach Norden getrieben. Am Darßer Ort (Tour 3 ▸ Seite 84) werden die Sandmassen wieder angelagert.

Der Weststrand kann nur zu Fuß oder mit dem Fahrrad über ausgeschilderte Wanderwege durch den Darßwald erreicht werden. Oder man wandert von Ahrenshoop aus einfach immer am Strand entlang. Parkplätze befinden sich in den Ortslagen von Ahrenshoop, Born, Wieck und Prerow sowie bei Drei Eichen am Südrand des Darßwaldes (Karte ▸ Seite 86).

via Tipp Darßer Ort
Leuchtturm & Natureum

Der über 35 Meter hohe **Leuchtturm** wurde Anfang 1849 in Betrieb genommen und war bis 1978 von einem Leuchtturmwärter besetzt.

Heute ist er das älteste noch in Betrieb befindliche Leuchtfeuer an der Ostseeküste. Über 126 Stufen einer gusseisernen Wendeltreppe gelangt man zur Aussichtsplattform. Von hier oben bietet sich ein grandioser Rundblick, nicht nur über die abwechslungsreiche Naturlandschaft der Halbinsel, bei gutem Wetter sogar bis Hiddensee und Rostock.

In den Nebengebäuden des Leuchtturms ist eine Außenstelle des Deutschen Meeresmuseums Stralsund, das **Natureum,** untergebracht. Zu sehen sind ein kleines Aquarium, eine Ausstellung über die regionaltypische Dünenbildung und Verlandung sowie über die Tiere und Pflanzen der Region. Das Museumscafé im Hof lädt zur Rast, ist allerdings nur zugänglich, wenn man den Eintritt zur Ausstellung entrichtet hat.

Tel. (03 82 33) 3 04 | Juni–Aug. tgl. 10–18, Mai/Sep./Okt. 10–17, Nov.–Apr. Mi–So 11–16 Uhr | 6 €, erm. 4 €

Anfahrt: Das Areal ist zu Fuß (Tour 3 ▸ Seite 84) oder per Rad erreichbar (5 km ab Prerow). Eine Alternative bieten Kremserfahrten ab Bernsteinweg am westlichen Ortsrand in Prerow. Mit der Prerower Bimmelbahn kann man bis zum Nothafen fahren (2,5 km vom Leuchtturm entfernt).

Blick vom Leuchtturm zum Darßer Ort

Darß-Museum 4

Das liebevoll gestaltete Museum zeigt die Entstehung der Küstenlandschaft und erzählt, wie Fischer, Seeleute und Handwerker früher auf dem Darß lebten. Auch die Entwicklung des Seebadwesens wird anschaulich dokumentiert. Zu den Highlights des Museums gehören kunstvoll bemalte Darßer Haustüren und Wohnstuben aus der Seefahrerzeit. Im Außenbereich wird eine Pflanzenausstellung mit Darßer Blumen und Kräutern präsentiert. Ein kleiner Museumsladen bietet Souvenirs wie Postkarten, Bernstein und Bücher über die Region an.

Waldstraße 48 |
Tel. (03 82 33) 6 97 50 |
www.ostseebad-prerow.de |
Mai–Okt. Di–So 10–18 Uhr,
Nov.–Apr. Fr–So 13–17 Uhr

Darßer Haustür in Prerow

Praktische Tipps

Hinkommen

Bus: Bus 210 hält in der Hafenstraße, in Prerow Mitte und am Alten Bahnhof.
Auto: Kostenpflichtige Parkplätze am östlichen sowie westlichen Ortsrand, Parklücken im Ort sind in der Saison schwierig zu finden.

Gut zu wissen

Kur- und Tourismusbetrieb

Infos, Flyer und Zimmervermittlung.

18375 Prerow | Gemeindeplatz 1 |
Tel. (03 82 33) 61 00 |
www.ostseebad-prerow.de |
Juni–Sep. tgl. 9–18 Uhr, verkürzte Öffnungszeiten in der Nebensaison

Ortsführung

Prerow ist weitläufig, deshalb gibt es gleich zwei Ortsführungen: für Prerow Ost (mit Seemannskirche) dienstags um 14 Uhr und für Prerow West (mit ehemaliger Seenotrettungsstation) mittwochs um 10 Uhr.

Treffpunkt am Kur- und Tourismusbetrieb

Gut gebettet

Hotel Bernstein 1

4-Sterne-Hotel direkt am Darßwald, 127 recht konservativ eingerichtete Zimmer und Suiten mit Teppichboden. Aufregender sind die großzügige Parklandschaft und der *Puria Spa* Wellnessbereich mit Sauna, Dampfbädern und beheiztem Außenpool. Mit Ladestation für E-Autos und Fahrradverleih.

Buchenstraße 42 | Tel. (03 82 33) 6 40 00 |
www.bernstein-prerow.de |
Nov.–März Winterpause | €€–€€€

Vom Zelt bis zum Meer sind es im Regenbogen Camp nur wenige Schritte

Ginkgo Mare 2

Das sympathische Bio-Hotel mit 13 modern eingerichteten Zimmern mit Holzböden und Bio-Frühstück hat sich ganz dem gesunden Leben verschrieben: Sauna, Yoga, Heilfasten, Tai-Chi und vieles mehr wird geboten. 10 Minuten vom Nordstrand.

Buchenstraße 41a | Tel. (03 82 33) 70 13 | www.ginkgomare.de | €€€

Quartier Carpe Diem 3

Studios und Apartments mit mediterranem Flair in großem Garten. Im Haus gibt es ein Fitness- und ein Yogastudio, ebenso eine Naturheilpraxis und ein Massagestudio. Kinder sind erst ab dem Schulalter willkommen.

Grüne Straße 31b | Tel. (03 82 33) 70 80 | www.carpe-diem-prerow.de | €€

Ferienwohnungen

Großes Angebot, übersichtliche lokale Webseiten sind:

www.zimmerboerse-prerow.de sowie www.prerow-ferienhaeuser.de

Camping

Regenbogen Camp

Ganzjährig, 800 Stellplätze für Wohnmobile und Zelte, direkt am Strand gelegen, Campen am Strand möglich (auch FKK), auch Vermietung von eingerichteten Wohnwagen. Kinderanimation, Einkaufsmöglichkeiten, Sauna, Segeln, Surfschule, Angeln und vieles mehr.

Bernsteinweg 4–8 | Tel. (03 82 33) 3 31 | www.regenbogen-camp.de

Von Suppe bis Torte

Seeblick 1

Zweistöckiges, 1895 erbautes Holzgebäude im Bäderstil an der Seebrücke. Von der Dachterrasse Blick aufs Meer, besonders gute Fischküche. Sehr beliebt, im Sommer einige Tage vorher reservieren.

An der Seebrücke | Tel. (03 82 33) 3 48 | www.wolff-prerow.de | Di–Sa 16–22 Uhr

Binnen un Buten 2

Beliebte Fischgaststätte am Anfang der Ladenstraße am Hauptstrandzugang. Rustikale Holzeinrichtung, Spezialitäten von fangfrischem Fisch, im Sommer Live-Musik im Biergarten.

Hauptübergang 2a | Tel. (03 82 33) 6 01 88 | www.restaurant-binnen-un-buten.de | Tgl. 12–22 Uhr

Teeschale 3

Gemütliche, biozertifizierte Teestube in denkmalgeschütztem Kapitänshaus. Dazu gibt es selbst gebackenen Kuchen. Im dazugehörigen Teeladen werden über 100 Teesorten verkauft. Gleich neben dem Darß-Museum.

Waldstraße 50 | Tel. (03 82 33) 6 08 45 | www.teeschale.de | In der Saison Mo–Sa 12–20 Uhr

Café Nu 4

Leckere Kuchen und Torten, raffinierte Sandwiches und Salate mit möglichst regionalen und saisonalen Zutaten tischen Nancy Fleischmann und Ute Marucha in ihrem bunten Café auf. Dazu Spezialitäten wie hausgemachtes Tomatenchutney oder Olivenmarmelade. Mittags auch Herzhaftes. Im angeschlossenen Laden *Sieben Sachen* kann man handgefertigte Seifen, Woll-Kuscheltiere, ausgewähltes Geschirr und mehr erstehen.

Hafenstraße 6 | Tel. (03 82 33) 71 92 58 | www.imcafenu.de

Kunst & Kultur

Kulturkaten Kiek In 5

Die anspruchsvolle Kleinkunstbühne im alten reetgedeckten Kapitänshaus hat einen modernen Anbau erhalten, zeigt Kabarett, Theater, Konzerte, Lesungen und wechselnde Ausstellungen. Mit Café. Von dessen Terrasse hat man den Spielplatz am Kulturkaten im Blick.

Waldstraße 42 | Tel. (03 82 33) 61 00 | März–Okt. und zum Jahreswechsel zu Veranstaltungen geöffnet

Cinema-Prerow

Professionellstes Kino der Halbinsel, täglich bis zu fünf Filmvorführungen, im Sommer auch Vorführungen im Bernsteinweg beim Fischerstrand.

Waldstraße 5 | Tel. (03 82 33) 6 01 41 | www.kino-prerow.de

Kaufen & stöbern

Heimatgalerie & Bernsteinmuseum

Die Darßer Familie Moldenhauer hat dem „Gold der Ostsee" ein kleines Museum gewidmet. In einem alten Schifferhaus erfährt man viel Wissens- und Staunenswertes über das Naturwunder Bernstein. Verkauft werden auch handgefertigter Bernsteinschmuck und Geschenkartikel.

Waldstraße 54 | Tel. (03 82 33) 4 62 | Apr.–Okt. Mo–Sa 11–17, Nov.–März Mi–Fr 14–17, Sa 10–12 und 14–17 Uhr

Nordische Buch- und Kunsthandlung

Winziger Laden, neben Büchern auch Kunstgewerbe und Webereien.

Bernsteinweg 2 | Tel. (03 82 33) 2 82 | Mo–Sa 10–18 Uhr

Bio- und Regionalmarkt

Frisches aus der Region wird in der Saison auf dem Gelände vom Kulturkaten *Kiek In* angeboten.

Mai–Okt. Mo 9–13 Uhr

Wellness

Puria Spa im Hotel Bernstein

Dampfbäder und beheizter Außenpool (▸ Seite 78).

Buchenstraße 42 | Tel. (03 82 33) 6 40 00 | Nov.–März geschlossen

Waldspa im Best Western Plus Ostseehotel Waldschlösschen
Wellness auf 520 m² mit verschiedenen Saunen und Salzwasserschwimmbad.
Bernsteinweg 4 | Tel. (03 82 33) 61 70

Aktiv & sportlich

Kremserfahrten zum Leuchtturm Darßer Ort
Zwischen Mai und Oktober jeweils 11, 12, 14, 15 Uhr ab Bernsteinweg, im Winter nur Mi–So 11 Uhr.
Kutsch- und Kremserfahrten Bergmann | www.kutschfahrten-bergmann.de

Fahrradverleih Wiedner
Neben E-Bikes und Fahrrädern auch Vermietung von Bollerwagen und Gokarts.
Grüne Straße 20a | Tel. (03 82 33) 6 01 87

Bootsfahrten

Mississippidampfer Baltic Star
Schiffsrundfahrten mit dem Raddampfer ab Hafen Prerow zum Bodstedter Bodden und retour.
Reederei Poschke | Tel. (03 82 34) 2 39 | www.reederei-poschke.de | Apr.–Mai, Sep.–Nov. tgl. 11.30/14.30/16.30, Juni–Aug. tgl. 11/14/16/18.30 Uhr

MS Ostseebad Prerow
Boddenrundfahrten bis zur Meiningenbrücke ab Hafen Prerow. Im Herbst auch Kranichfahrten.
Reederei Rasche | Tel. (03 82 34) 2 10 | www.fahrgastschiff-darss.de | Juni–Aug. tgl. 10/13/15 Uhr und März–Mai/Sep.–Nov. 10.30/13.30, Sep./Okt. ab 17.30 Uhr Kranichfahrten

Surfen & Segeln

UST – Surf- und Segelschule
Kurse, Verleih, Surfshop, Surfstrand am *Regenbogen Camp* (▸ Seite 79).
Tel. (03 82 33) 6 94 94 | www.wassersportschule-darss.de

Auf dem Weg zum Strand wird der Prerowstrom überquert

Tour 2: Radrundtour von Darßdorf zu Darßdorf

Diese schöne Radtour führt von Prerow aus durch den Darßwald zu den Darßdörfern am Bodstedter Bodden. Dabei hat man auch Gelegenheit, das Nationalparkzentrum in Wieck zu besuchen.

Karte: ▸ Seite 86–87

Charakteristik: Leichte Radtour durch den Darßwald und am Bodden entlang

Start: Prerow, Waldstraße

Ziel: Prerow, Hafen

Strecke: Prerow/Ortsmitte – Wieck – Born – Prerow/Hafen

Entfernung: ca. 23 km

Dauer: etwa 3 Stunden

Einkehrtipp: Café *Fernblau* in der Darßer Arche Wieck (▸ Seite 27)

Diese Tour ist landschaftlich besonders abwechslungsreich. Die Strecke führt durch den Darßwald und an Boddendörfern mit ihren schönen Bauern- und Fischerkaten vorbei, sowie direkt am Bodstedter Bodden entlang und durch weite Wiesenlandschaften.

Ausgangspunkt des Ausflugs ist die zentrale Kreuzung Waldstraße/Buchenstraße in der Ortsmitte **Prerows.** Von hier folgt man der Buchenstraße in westlicher Richtung, um in den **Darßwald** zu gelangen. Auf dem Mittelweg (als Verlängerung der Buchenstraße) fährt man bis zur Waldkreuzung am „k-Gestell". Hier links abgebogen radelt man zwischen Moor- und Sumpfgebiet schnurgerade vorbei am **Raesfeld-Denkmal** und dem **ehemaligen Meeresufer** bis zur Kreuzung „Großer Stern". Dort biegt man in den schmalen Bibersteig Richtung Born ein (rechts neben dem Reitweg). Kurvenreich schlängelt er sich durch dicht bewachsenes Waldgebiet, teilweise mit Wacholderbäumen bewachsen.

Kurz vor dem Waldrand folgt man dem Wegweiser, der Born in 700 Metern (geradeaus) ankündigt. Die **Bäderstraße** überquerend fährt man aus dem Wald und auf die circa 200 Meter entfernte Kurverwaltung von **Born** zu. Kurz darauf stößt man auf die Chausseestraße. Hier biegt man nach links ab, um dem Boddendorf einen Besuch abzustatten. Empfehlenswert ist ein Spaziergang (▸ Seite 62) durch die verwinkelten Straßen, bei dem man zahlreiche bunte Fischerkaten entdecken kann.

Sehenswert ist auch der Hafen, von dem man einen weiten Blick über den Bodden hat. Wer dort Hunger verspürt, wird im *Hafenbistro* (▸ Seite 64) bestens bedient. Hier gibt es frischen, schnell und gut zubereiteten Fisch – Boddenblick inklusive.

Anschließend verlässt man Born über die Chausseestraße der Beschilderung „Prerow–Wieck" folgend. Kurz vor dem Ortsende biegt man rechts in den Bliesenrader Weg. Auf einem Feldweg radelt man 1,5 Kilometer an einem Bächlein entlang, bis es rechts auf einen befestigten Fahrweg geht. Nach 300 Metern biegt man links in Richtung Wieck zum Bodden ab.

Über 2 Kilometer auf der Deichkrone folgt die Strecke nicht nur einem sehr gut befestigten Radweg, sondern auch einem der schönsten Streckenabschnitte entlang des Schilfgürtels mit Blick über den **Bodstedter Bodden,** auf dem mit etwas Glück sowohl Zees- als auch andere Segelboote zu sehen sind.

In **Wieck** angekommen lohnt ein Besuch der Nationalparkausstellung in der *Darßer Arche* im Ortszentrum (▸ Seite 67). Im gleichen Gebäudekomplex liegt auch das empfehlenswerte Café *Fernblau,* wo man auf der schönen Terrasse leckere Kaffee- und Kuchenspezialitäten genießen kann.

Anschließend passiert man über die Straßen **Müggenberg** und Bauernreihe rechter Hand den **Wiecker Hafen,** der mit seinem schönen Ausblick über den Bodden eine weitere Pause lohnt. Danach verlässt man Wieck über die Wege Südkaten und Jagdhaus. Der Wegweiser zeigt noch 5,3 Kilometer bis Prerow an.

Außerhalb von Wieck verläuft der Teerweg durch Wiesen und Weiden und mündet auf den letzten 2,5 Kilometern in einen befestigten Weg, der am Ende zwischen zwei Gehöften hindurch und an einem Parkplatz vorbei rechts abbiegend direkt zum Hafen Prerow führt.

In Born haben viele Häuser bemalte Haustüren, hier eine Büdnerkate von 1867

Tour 3: Zum Leuchtturm Darßer Ort

Diese Wanderung ist ein Klassiker: von Prerow durch den Darßwald zum Leuchtturm Darßer Ort. Dabei kann man eine Menge Spannendes über die Natur auf dem Darß erfahren.

Karte: ▸ Seite 86–87

Charakteristik: Leichte Wanderung durch den Darßwald und an der Küste entlang

Start & Ziel: Prerow, Waldstraße

Strecke: Prerow – Darßer Ort – Ottosee – Prerow

Entfernung: ca. 12 km

Dauer: etwa 4 Stunden

Einkehrtipp: Museumscafé des *Natureums* (▸ Seite 77)

Tipp: Wer die Tour mit dem Fahrrad unternehmen will, folgt dem weiter nördlich verlaufenden, geteerten Radweg.

Der **Leuchtturm Darßer Ort** ist nur zu Fuß, per Rad oder Pferdekutsche zu erreichen – motorisierter Verkehr ist nicht erlaubt.

Ausgangspunkt ist die Kreuzung Waldstraße/Bernsteinweg am westlichen Rand von Prerow. Auf dem Bernsteinweg in Richtung Ostsee (Norden) spaziert, zweigt nach circa 300 Metern links der Waldweg zum Leuchtturm (blaue Leuchtturmmarkierung) ab. Der Weg führt durch sandigen Kiefernwald direkt zum Leuchtturm. Vorbei geht es an sumpfigen Riegen, in denen Feuchtigkeit liebende Erlen stehen, und an mit Buchen bewachsenen Reffen. Beide, Reffe wie Riegen, sind Ergebnis eines Jahrhunderte währenden Naturprozesses, den es nur hier gibt (▸ Seite 71).

Nach circa fünf Kilometern ragt der Leuchtturm durchs Geäst. Der Darßer Ort ist durch Sand- und Sedimentablagerungen entstanden, die durch die Meeresströmung an der Küste des Fischlandes in den letzten 300 Jahren abgetragen wurden und sich am Darßer Ort wieder abgelagert haben. Vom Ausguck des über 35 Meter hohen Leuchtturms sieht man weit aufs Meer und kann die Landbildung von oben anhand der Dünenwälle und Vegetation gut nachvollziehen. In den Nebengebäuden des Leuchtturms ist das **Natureum** untergebracht, das anschaulich über den Landbildungsprozess sowie die Tier- und Pflanzenwelt informiert. Auch die Fauna der Ostsee wird lebendig dargestellt (▸ Seite 77).

Vom Leuchtturmgelände gelangt man an den Weststrand und folgt in Richtung Norden dem ausgeschilderten Rund-Lehrpfad, der in die Kernzone des Nationalparks und das Anlandungsgebiet vom Darßer Ort führt. An einer Absperrung wird man nach rechts über die Vordüne auf einen Bohlenweg geleitet. Die Bohlen dienen dem Schutz der Vegetation und dürfen nicht verlassen werden.

Auf den 4 Kilometern des nun folgenden Weges lässt sich der Prozess der Neulandbildung Schritt für Schritt beobachten und man kann förmlich zuschauen, wie das Land immer weiter ins Meer hinaus wächst. Ein Beobachtungsturm bietet einen

Der Leuchtturm am Darßer Ort ist 35 Meter hoch

Blick über die Landschaft und die Möglichkeit zur Vogelbeobachtung. Besonders faszinierend ist die Aussicht über die neuen Sandbänke und Lagunen, beeindruckend die Vorstellung, dass auch unser Standort noch vor 160 Jahren Meer war.

Danach führt der Weg durch Heide und Moorland. An einer Brücke folgt man der Abzweigung zum Nothafen/Ottosee (ansonsten würde man wieder zum Leuchtturm kommen). Der **Ottosee** ist ein durch Anlandung entstandener Strandsee, der von der NVA in den 1960er-Jahren als Militärhafen eingerichtet wurde. Seine jetzige Nutzung als Nothafen ist nicht nur vielen Naturschützern ein Dorn im Auge, zumal er regelmäßig mit viel Aufwand frei gebaggert werden muss.

Nachdem man vom Wikingerturm, einer Aussichtsplattform, die Aussicht genossen hat, führt der Weg in Richtung Nordstrand. Die nächsten 3 Kilometer folgt man dem Strandwanderweg, vorbei am *Regenbogen Camp* (▶ Seite 79), bis man beim ersten großen Strandaufgang nach rechts in den Bernsteinweg und wenig später nach links in die Waldstraße einbiegt.

Darßer
Libbertsee
Ottosee
Leuchtturm & Natureum
DARSS
Teerbrennersee
Weststrand
NEUDARSS
Darß-
Esper Ort
k.-Gestell
Ostsee
Langseer Weg
Müllerweg
Raesfeld-Denkmal
Ehemaliges Meeresufer
Großer Stern
Biber-steig
VORDARSS
ALTD
Tour 4 Start
Drei Eichen
Nationalpark-verwaltung
NSG Ahrens-hooper Holz
Fischerkirche
Born
Ostseebad Ahrenshoop

O s t s e e
N
1000 m
Tour 3 Start
Tour 2 Start
Seebrücke
Hohe Düne
Seemanns-
kirche
Darßmuseum
Ostseebad
Prerow
Papensee
Prerower Strom
Ringwall
Hertesburg
Seebrücke
Ostseeheilbad
Zingst
w a l d
Freesenbruch
Schmidt
Bülten
Wieck
Darßer Arche
Nationalpark-
Information
Meiningenbrücke
Bresewitz
B o d s t e d t e r
B o d d e n
Bliesenrade
Pruchten

Tour 4: Wanderung zum Darßer Weststrand

Die leichte Rundwanderung startet am Parkplatz Drei Eichen im Darßwald (auch der Linienbus hält hier bei Bedarf) und führt zu den schönsten Stellen am Weststrand.

Karte: ▸ Seite 86–87

Charakteristik: Leichte Wanderung/Badetour

Start & Ziel: Parkplatz Drei Eichen

Strecke: Parkplatz Drei Eichen – Weststrand – Parkplatz Drei Eichen

Entfernung: mindestens 5 km, bis Esper Ort 12 km (hin und zurück)

Tipp: Proviant mitnehmen!

Verschiedene markierte Wanderwege führen quer durch den **Darßwald** zum **Weststrand.** Je nach Kondition kann zwischen kürzeren und längeren Varianten gewählt werden. Für den Weg sollte man unbedingt Proviant einstecken, denn in dieser Naturidylle gibt es weit und breit keine gastronomische Einrichtung.

Eine schöne Route beginnt am **Parkplatz Drei Eichen.** Von hier nimmt man zunächst den Alten Mecklenburger Weg durch den Wald in Richtung Norden, um bald darauf der Ausschilderung gen Weststrand nach Westen zu folgen und den Strand zu erreichen. Am Strand entlang geht es nun kilometerweit nach Norden in Richtung Darßer Ort. Breite, dünenhafte Abschnitte wechseln sich mit schmalen Sandstreifen ab. Wo der Wald bis an den Strand stößt, zeigen umgestürzte Bäume, wie weit die Ostsee bei schweren Stürmen landeinwärts vordringt. Auf die vorherrschende Windrichtung wiederum weist die Wuchsform der Bäume an der Küste hin. Da der Wind meist aus Westen kommt, sind die Kronen der sogenannten Windflüchter nach Osten geneigt.

Esper Ort am Ende des Langseer Weges ist der markanteste Punkt am Weststrand. Hier ist der Strand sehr breit und man findet besonders beeindruckende Exemplare der Windflüchter. Nördlich von Esper Ort tritt vor **Darßer Ort** das Hochufer zurück und das Anlandungsgebiet beginnt. Seichte Binnenseen liegen zwischen Strand, Dünen und Wald. Der Teerbrennersee ist der größte von ihnen.

Wie lange man seine Strandwanderung ausdehnen will, hängt ganz von der eigenen Ausdauer ab. Man sollte immer den Rückweg im Kopf haben, der entweder am Strand entlang oder durch den Darßwald genommen werden muss. Immer wieder zweigen landeinwärts Wege ab, die nach einem circa 10-minütigen Fußweg auf das „k-Gestell" stoßen. Biegt man hier rechts ab, gelangt man über die Wegkreuzung **Großer Stern** zurück zum Parkplatz.

Abendstimmung am Darßer Weststrand ▸

Der Zingst

Wo die Kraniche rasten

Strand, Wiesen, Weiden und Wälder: 20 Kilometer lang und flach erstreckt sich die Landzunge des Zingst westlich des Prerowstroms zwischen Ostsee und Bodden. Mit Ausnahme des lebhaften Seebads Zingst gehört die Landschaft komplett zum Naturpark Vorpommersche Boddenlandschaft.

Auch der Zingst war einst eine Insel. Nachdem aber der Prerowstrom durch die große Sturmflut im Jahr 1872 versandet war, wurde er 1884 an der Mündung zur Ostsee zugeschüttet – und der Zingst war mit dem Darß verbunden. Seitdem schützt sowohl auf der See- als auch auf der Boddenseite ein Deich das Land, der immer wieder erhöht wurde. Das ist auch bitter nötig, denn weite Teile des Zingst liegen nur knapp über dem Meeresspiegel. Positiver Nebeneffekt für Einheimische und Besucher: Auf dem Deich wurde ein Weg angelegt, auf dem man wunderbar und mit Weitblick spazieren oder Rad fahren kann.

Strand- & Vogelparadies

Bekannt ist der Zingst vor allem als Vogelparadies: Hier und auf der vorgelagerten Insel Bock liegt einer der größten Kranichschlafplätze Mitteleuropas. Der Kranichzug im Frühjahr und Herbst ist ein einzigartiges Naturschauspiel (▸ Seite 103).

Doch auch für Nicht-Ornithologen ist der Zingst interessant: Die Halbinsel bietet ein quirliges Ostseebad, kilometerlangen, feinen Sandstrand und viel geschützte Natur. Rund um das Ostseebad Zingst lassen sich herrliche Ausflüge zu Fuß oder per Rad unternehmen.

Der Name „Zingst" leitet sich vermutlich von dem slawischen Wort „seno" ab, was soviel wie Heu bedeutet und auf die weitläufigen Wiesen verweist, die jahrhundertelang als Viehweiden dienten. Durch die starke Beweidung entstanden im Laufe der Zeit die typischen, von Wassergräben durchzogenen Salzwiesen. Auf dem Zingst gibt es auch größere Waldgebiete wie den 800 Hektar großen **Osterwald** östlich des Seebads oder das moorige Waldgebiet des **Freesenbruchs** westlich davon. Der feinsandige Zingster Strand zieht sich schnurgerade an der Ostseeküste entlang, bis er sich an der **Hohen Düne** bei Pramort am östlichen Zipfel bis zu 12 Meter auftürmt.

Jenseits des Osterwaldes erstreckt sich die **Sundische Wiese.** Ihr Name ist vom früheren Eigentümer abgeleitet, der Stadt Stralsund. Diese besaß das Grasland vom 13. Jahrhundert bis 1902. In der Bodden- und Wattlandschaft vor **Pramort** liegen die Vogelschutzinseln **Kirr, Oie** sowie **Großer** und **Kleiner Werder.**

Doch der Zingst ist eine Landschaft im Wandel: Bei Pramort wächst die Landzunge stetig in das dortige Watt hinein. Eines Tages wird so der Zingst mit der Insel Großer Werder verbunden sein.

◂ Herrlich entspannt geht es in Zingst in der Nebensaison zu. Dann ist der sonst so belebte Strand beinahe leer.

Ostseeheilbad Zingst

Eine lange Strandpromenade, eine Flaniermeile mit Läden und Restaurants, ein geschäftiger Boddenhafen und viele kulturelle Angebote: Zingst (circa 3 000 Einwohner) ist der einzige Ort auf Fischland-Darß-Zingst, der städtisches Flair verströmt.

Weitläufig erstreckt sich das stattliche Familienbad zwischen Ostsee und Bodden. Im Sommer, wenn alle 10 000 Gästebetten ausgebucht sind, verwandelt sich der sonst beschauliche Ort in einen gut bevölkerten Tummelplatz. Neben vielseitigen kulturellen und sportlichen Angeboten sind es vor allem die herrliche Lage, der feine Strand und die stille Boddenlandschaft, die die Beliebtheit des Ortes ausmachen.

Zingst war 1823 aus der Zusammenlegung der kleinen Boddensiedlungen Hanshagen, Pahlen und Rotes Haus entstanden. Zur Blütezeit des Seehandels Anfang des 19. Jahrhunderts brachte es das Seefahrerdorf zu ansehnlichem Wohlstand. Durch die abgeschiedene Lage der damaligen Insel Zingst kamen erst Mitte des 19. Jahrhunderts erste Feriengäste hierher. Als mit dem Aufkommen der Dampfschifffahrt viele der alten Segelschiffskapitäne brotlos wurden, gründeten sie 1881 ein *Comité zur Einführung des Badewesens*. Diese Vermarktungsstrategie hatte Erfolg und Zingst entwickelte sich zum größten Badeort der Halbinsel. Der Bauboom ist seither ungebrochen. In den vergangenen Jahren schossen in Zingst Hotelkomplexe und Ferienhauskolonien wie Pilze aus dem Boden. Dies geschah zwar auf Kosten des Ortsbildes, aber so bietet sich selbst zur Hochsaison die Chance, relativ kurzfristig ein Urlaubsbett zu ergattern. Vom alten Seefahrerdorf sind nur noch Reste zu finden.

Experimentarium

Spielen, basteln, knobeln, experimentieren mit Licht, mit Wasser und Sand. Workshops für Kinder zu Wissenschaft, Technik und Natur. Nebenan befindet sich ein (griechisches) Familienrestaurant.

Seestraße 76 | Tel. (03 82 32) 17 21 23 | www.zingst.de/experimentarium | Di–So ab 10 Uhr

Tauchgondel

Mit der Tauchgondel an der Seebrücke geht es dreieinhalb Meter tief in die Ostsee. Ein Film und ein Guide erklären einiges zum Meeresleben.

An der Seebrücke | Tel. (03 82 32) 38 90 77 | www.tauchgondel.de | Juni–Aug. 10–21, Apr./Mai/Sep./Okt. 10–19, Nov.–März 11–16 Uhr

Museumshof Zingst 6

Historisches Gebäude-Ensemble mit Heimatmuseum, Schaumanufaktur, Gemäldegalerie. In einem alten Kapitänshaus mit modernem Anbau erfährt man Spannendes über die Geschichte von Zingst, in der Pommernstube sieht man, wie aus Bernstein Schmuck entsteht und in der Museumsbäckerei kann man beim Brotbacken zuschauen. Regelmäßige Workshops. Mit Laden und Café.

Strandstraße 1–3 | Tel. (03 82 32) 1 55 61 | www.zingst.de/museumshof-neu | Apr.–Juni Mo–Sa 10–18, Juli–Okt. tgl. 10–18, Nov.–März Do–So 10–16 Uhr

An der Seebrücke in Zingst

Spaziergang durch Zingst

Zingst wirkt auf den ersten Blick ziemlich modern und touristisch, hat aber einige historische Winkel zu bieten.

Start am Bodden, wo der hübsche, modern ausgebaute **Hafen** 1 liegt. Zur Zeit der Segelschifffahrt herrschte hier ein reges Treiben, denn Zingst besaß nach Barth und Stralsund die meisten Schiffe nach der Wende. Heute starten hier Ausflugsschiffe, die über den Zingster Strom in den Bodden und sogar zur Insel Hiddensee fahren.

Über die Hafenstraße gelangt man den Postplatz querend zum **Fischmarkt** 2. Von hier führen zwei verkehrsberuhigte Flaniermeilen Richtung Strand: die **Klosterstraße** und die **Strandstraße.**

Vor dem Einbiegen in die Klosterstraße Richtung Seebrücke lohnt nach wenigen Metern gleich ein Abstecher zur alten Kirche von Zingst. Dazu nimmt man rechts das verwinkelte Sträßchen Nehmzowsgang, das am hübschen **Martha-Müller-Grählert-Park** vorbeiführt. An dessen Ende geht es rechts in die Störtebekerstraße, um nach einigen Metern in den zweiten Fußgängerweg links einzubiegen. Bald steht man vor der **Peter-Pauls-Kirche** 3, die 1862 vom Berliner Hofbaumeister August Stüler im neogotischen Stil errichtet wurde. Auf dem Friedhof dahinter liegt das weiße Grabkreuz der Heimatdichterin Martha Müller-Grählert, die 1908 mit dem Liedtext *Wo de Ostseewellen trecken an den Strand* in Norddeutschland bekannt wurde.

Wieder zurück in der Klosterstraße geht es vorbei an Läden und Cafés und, linker Hand, dem Seenotrettungsschuppen, in dem heute ein

Restaurant ist, zum Platz vor der Seebrücke. Er wird flankiert von einem neu erbauten Hotel und einem Apartmentkomplex. Gegenüber thront oben auf der Deichpromenade das im Fachwerkstil wieder errichtete **Kurhaus** 4. Daneben führt die **Seebrücke** 5 aufs Meer und zur Tauchgondel. Der Deich selbst ist Teil des Schutzsystems, das aus Buhnen, Düne, Schutzwaldstreifen und Deich besteht und den schmalen Zingst vor Sturmfluten schützt.

Zurück geht es über die größere der beiden Bummelmeilen, die Strandstraße, mit zahlreichen Cafés, Restaurants und Läden. Von den historischen Schifferhäusern, die sie einst zierten, sind noch einige wenige zu entdecken.

Die **Bahnhofstraße,** die kurz nach dem Fischmarkt rechts abzweigt, ist noch ein Relikt aus jener Zeit, als Zingst an die Darßbahn nach Barth angeschlossen war. Deren Gleise wurden 1945 als Reparationsleistung abgebaut. Nach langem politischem Ringen wurde der Wiederaufbau der Darßbahn beschlossen. 2021 begannen erste Vorarbeiten, Eröffnungsdatum noch ungewiss.

Weiter entlang der Strandstraße, die ab der Bahnhofstraße keine Fußgängerzone mehr ist, erreicht man bald den **Museumshof** 6 mit Museumsbäckerei und Café.

Strand

Kilometerlanger, feinsandiger, zehn Meter breiter Strand. Zwei Kilometer östlich von Zingst ist der Strand gesperrt, da hier die Kernzone des Nationalparks beginnt. Bewachte Textilstrände mit Strandkorbarealen im Ortsbereich, FKK-Abschnitte an den Strandaufgängen 5 und 14 sowie außerhalb des Ortes.

Praktische Tipps

Hinkommen

Bus: Der Busbahnhof liegt am südlichen Rand des Zentrums, gleich neben dem Max Hünten Haus. Weitere Haltestellen an der Seestraße am westlichen Ortsausgang. Nur selten angefahren werden die Haltestellen Hägerende und Reha-Klinik am östlichen Ende von Zingst.
Auto: Parklücken sind im verkehrsberuhigten Zentrum schwer zu finden. Kostenpflichtige Parkplätze an den Ortsrändern.

Gut zu wissen

Kurhaus

Im Kurhaus an der Seebrücke gibt es Informationen zur Region, Ausstellungen, Veranstaltungen und ein maritimes Restaurant.

18374 Zingst | Seestraße 57 |
Tel. (03 82 32) 8 15 80 | www.zingst.de |
Tgl. 9–18 Uhr

Ortsführungen

Wissenswertes zu Geschichte und Gegenwart des Ostseebades erfährt man bei einer Ortsführung mit Sylvia Juhnke. Dabei wird auf die Entwicklung vom Fischerdorf zum Badeort ebenso eingegangen wie auf ortstypische Besonderheiten.

Apr.–Okt. Mo |
Dauer ca. 3 Stunden |
Treffpunkt: 10 Uhr am Kurhaus

Gut gebettet

Zimmervermittlung der Kur- und Tourismus GmbH

Im alten Bahnhof.

Am Bahnhof 1 | Tel. (03 82 32) 8 15 21 |
www.zingst.de

Ostseeheilbad Zingst
Ostsee
Zingster Strom
N
200 m
Sehenswertes
1 Hafen
2 Fischmarkt
3 Peter-Pauls-Kirche
4 Kurhaus
5 Seebrücke
6 Museumshof
Übernachten
1 Vier Jahreszeiten
2 Hotel Inselparadies
3 Kurmittelcentrum Zingst
Essen & Trinken
1 Strandkate
2 Café Rosengarten
3 Kranichhaus mit Pontonhaus
4 Zum Deichgrafen
5 Café Minis
Start
Tauchgondel
Experimentarium
Digigrafie Galerie
Max-Hünten-Haus
Kurpark
Deichradweg
Boddenradweg
Prerow
Campingplatz am Freesenbusch
Freesenbruch
Wellness-Camp
Am Bahndamm
Bahnhofstraße
Jordanstraße
Barther Straße
Hafenstraße
Strandstraße
Klosterstr.
Lindenstraße
Postplatz
Busbahnhof
Neue Reihe
Friedenstraße
Seestraße
Waldstraße
Bahndamm
Birkenstraße
Hägerende
Inselweg
Boddenweg
Landstraße
Straminke
Müggenburger Weg
Rämel
Freesenweg

Das sehenswerte Heimatmuseum ist Teil des Museumshofs Zingst

Hotels & Pensionen

Vier Jahreszeiten 1

Interessanter Hotelneubau mit 95 Zimmern und Suiten, familienfreundlich, großer Wellnessbereich mit Schwimmbad. Die modern und komfortabel eingerichteten Zimmer und Suiten haben Parkettböden und Balkon. Beide Restaurants bieten auch vegane und vegetarische Kost.
Boddenweg 2 | Tel. (03 82 32) 17 40 | www.vier-jahreszeiten.de | €€–€€€

Hotel Inselparadies 2

Kleines Hotel mit zehn klassisch-modern eingerichteten Zimmern mit Parkettböden. Ruhig und zentral gelegen in einem schönen Garten mitten in Zingst. Auch Apartments.
Klosterstraße 20a | Tel. (03 82 32) 1 53 26 | www.inselparadies.eu | €€

Kurmittelcentrum Zingst 3

38 großzügige Apartments rund um das parkähnlich angelegte Gelände des Kurmittelhauses. Jeweils 2–3 Zimmer, Holzfußböden, Pantryküche. Im EG mit Terrasse, im OG große französische Fenster. Im Haupthaus kleines Meerwasserschwimmbad (30 °C Wassertemperatur), Sauna und Fitnessraum. 5 Minuten zum Strand.
Rämel 5 | Tel. (03 82 32) 8 31 05 | www.kmcz.de | Ab 80 €

Schlösschen Sundische Wiese

Kleines, familiäres Hotel in ehemaligem Jagdschlösschen von 1900, 8 km außerhalb von Zingst direkt am Nationalpark im Osterwald, idealer Ausgangspunkt für Kranichtouren. Restaurant mit Cafégarten, freundlicher Service, Sauna, Fahrradverleih, Kinderspielplatz. Leider nur mit eigenem Fahrzeug oder Taxi zu erreichen.
Landstraße 32 | Tel. (03 82 32) 81 80 | www.hotelschloesschen.de | €€–€€€

Camping

Wellness-Camp Düne 6

Ganzjährig, 5-Sterne-Campingplatz auf schönem Wiesenplatz, 200 Meter

zum Strand, chlorfreie Schwimmhalle, Saunalandschaft, Spielplatz.
Inselweg 9 | Tel. (03 82 32) 1 76 17 |
www.wellness-camp.de

Von Suppe bis Torte

Strandkate 1
Beliebtes, uriges Fischrestaurant im Zentrum von Zingst. Große Speisekarte, neben typischen, frisch zubereiteten Fischtellern auch gute Fleisch- und andere Gerichte. Im Sommer sitzt man schön auf der Terrasse an der Klosterstraße.
Klosterstraße 8 | Tel. (03 82 32) 1 52 59 |
www.strandkate-zingst.de

Café Rosengarten 2
Im reetgedeckten Katen mit romantischem, duftendem Rosengarten, selbst gebackene Kuchen, kleine Abendkarte ab 18 Uhr.
Strandstraße 12 |
Tel. (03 82 32) 8 47 04 |
In der Saison Di–So ab 14 Uhr

Kranichhaus mit Pontonhaus 3
Gehobenes Fischrestaurant und Café am Hafen. Auch Fleisch- und Pastagerichte. Blickfang ist das Pontonhaus auf dem Wasser, das Bar, Frühstücksplatz und stylisches Restaurant ist. Tolle Sicht auf den Bodden.
Hafenstraße 2 | Tel. (03 82 32) 84 89 48

Zum Deichgrafen 4
Beliebtes Restaurant-Café mit Biergarten. Leicht gehobene Fischküche sowie Kuchen und Cocktails. Vorbestellung empfohlen. Auf dem *Campingplatz Am Freesenbruch* etwas außerhalb von Zingst.
Am Bahndamm 1 | Tel. (03 82 32) 8 01 86 |
www.camping-zingst.de |
Warme Küche ab 17.30 Uhr

Café Minis 5
Am Hafeneingang, gleich links etwas zurückversetzt, verbirgt sich die Cafébar, davor eine lauschige Terrasse unter einem prächtigen Ahornbaum. Tolle Kuchen, Snacks und Drinks.
Hafenstraße 1b | Tel. (03 82 32) 84 86 39 |
Tgl. 10–20 Uhr

Kaufen & stöbern

Pödderie
Sabine Schagun fertigt in ihrem Werkstattladen Gebrauchskeramik in schönen, schlichten Designs.
Hafenstraße 43 | Tel. (01 51) 17 36 45 24 |
www.zingster-keramik.de | Mo–Fr 10–17 (im Sommer länger), Sa 10–13 Uhr

Läsen un Schriben
Origineller Buchladen in einem Reetdachhaus, auch schöne Kalender und Postkarten.
Klosterstraße 4 | Tel. (03 82 32) 8 08 67

Buchhandlung Lesezeit
Gut sortierte, freundliche Buchhandlung, veranstaltet auch Lesungen.
Strandstraße 43a | Tel. (03 82 32) 1 66 90 |
www.lesezeit.de | Mo–Sa 10–18.30 Uhr, im Sommer auch So 13–18 Uhr geöffnet

Regional- und Biomarkt
Lebensmittel und Handwerkliches aus der Region.
Strandstraße 1, auf dem Museumshof |
Mai–Sep. Do 10–14 Uhr

SchmuckGalerie ONYXX
Inselschmuck als hochwertiges Souvenir, so zum Beispiel Ringe mit Fischland-Darß- oder Zingst-Motiv und Kettenanhänger mit der Silhouette der Halbinsel.
Klosterstraße 1c | Tel. (03 82 32) 17 23 93 |
www.schmuckgalerie-zingst.de |
Mo–Sa 10–18 Uhr

Am Strand westlich von Zingst

Aktiv & sportlich

Minigolf
Moderne Minigolfanlage mit mehreren Bahnen.
Rämel 21, Strandübergang 8 |
In der Saison tgl. ab 10 Uhr

Reiterhof Illner
Ponyreiten, Kutsch- und Kremserfahrten (Voranmeldung), Reitferien.
OT Müggenburg | Landstraße 15a

Kite & Surf Club
Kite- und Surfkurse.
Sportstrand Übergang 6 |
www.kite-club.com

Bootsfahrten

Fähre Zingst–Barth
Die schönste Art, in die alte Stadt Barth zu gelangen. Über den Zingster Strom und vorbei an der Vogelinsel Großer Kirr geht es quer über den Barther Bodden. Fahrradmitnahme möglich.
Fahrgastschifffahrt Poschke |
Tel. (03 82 34) 2 39 |
www.fahrgastschifffahrt-fischland-darss-zingst.de |
Apr./Mai/Sep./Okt. stündlich 11–16 Uhr,
Juni–Aug. stündlich 10.30–17.30 Uhr

Reederei Hiddensee
Fahrten nach Hiddensee oder Stralsund (Apr.–Okt.) mit 4-stündigem Landgang.
Tel. (0 38 31) 26 81-0 |
www.reederei-zingst.de

MS River Star
Boddenrundfahrten mit dem Schaufelraddampfer – besonders für Kinder ein Erlebnis.
Fahrgastschifffahrt Poschke |
März–Mai/Sep.–Nov. tgl. 11.30 und 13.30,
Juni–Aug. 11/13/15/17 Uhr

Zeesboot Dorothea
In der Saison mehrmals täglich Segeltouren, Abfahrt am Hafen.
Armin Radke: Tel. (01 73) 3 92 72 17

Erlebniswelt Fotografie Zingst
Natur & Meer vor der Linse

Zingst ist ein Treffpunkt für Fotografen und Fotointeressierte. Über das Jahr verteilt finden in dem Ort diverse Foto-Events statt. Ganzjährig werden in Galerien und auf Open Airs Fotoausstellungen gezeigt. Zentrum der Foto-Aktivitäten ist das *Max Hünten Haus.*
www.erlebniswelt-fotografie-zingst.de

Max Hünten Haus
In dem 2011 erbauten, sehenswerten Gebäude, das nach dem Weltenbummler und Landschaftsmaler Max Hünten benannt ist, finden Fotoausstellungen und Workshops statt.

Im Obergeschoss befindet sich auch die gut sortierte **Gemeindebibliothek** von Zingst mit großer Kinderbuchabteilung. Die Ausleihe ist auch für Feriengäste kostenlos und unkompliziert.
Schulstraße 3 | Tel. (03 82 32) 16 51 10 |
Mitte März–Okt. 10–18, Nov.–Mitte März 10–17 Uhr

EPSON Digigrafie Galerie
Fotogalerie mit Ausstellungen rund um digitale Bildproduktion.
Seestraße 56 | Tel. (03 82 32) 8 15 42

Leica Galerie
Fotogalerie mit wechselnden, oft hochkarätigen Ausstellungen im alten Bahnhofsgebäude.
Am Bahnhof 1 | Mo–Fr 9–12 Uhr und 14–18 Uhr, Sa/So 10–12 und 14–18 Uhr

Im Max Hünten Haus dreht sich vieles um Fotografie

Tour 5: Radtour nach Pramort

Diese ausgedehnte Radtour führt von Zingst zur Kranichbeobachtungsplattform in Pramort – besonders im Frühjahr und Herbst ein Erlebnis, wenn Tausende von Kranichen hier rasten.

Charakteristik: Leichte Radtour, teils durch Wald, teils durch weite Wiesen und Weidelandschaft

Start & Ziel: Zingst, Seebrücke

Strecke: Zingst/Seebrücke – Sundische Wiese – Pramort/Hohe Düne – Sundische Wiese – Müggenburg – Zingst/Hafen

Entfernung: ca. 30 km

Dauer: etwa 3 Stunden

Einkehrtipp: Restaurant und Cafégarten (nur bis 17 Uhr) im Hotel *Schlösschen Sundische Wiese* (▸ Seite 96)

Achtung: Zum Schutz des Kranich-Rastplatzes Sep./Okt. nur eingeschränkte Besucherzahl auf den Beobachtungsplattformen am Pramort möglich (Kranichbeobachtung ▸ Seite 103)

Tipp: Fernglas nicht vergessen! (Kann auch in der Kurverwaltung geliehen werden)

Von der Seebrücke im Ostseeheilbad Zingst fährt man auf dem Deich in Richtung Osten. Auf Höhe der Schutzzone II des Nationalparks biegt man rechts ab in den Waldweg, der zum „Dreiländereck" führt. Noch heute markiert hier ein Grenzstein aus dem Mittelalter den Punkt, an dem die Besitzungen der Städte Barth und Stralsund sowie des Amtes Barth aufeinanderstießen. Vom Dreiländereck hält man sich – ständig im Wald – halb links und erreicht nach 1,5 Kilometern auf einem kerzengerade verlaufenden, schmalen Fahrweg den Parkplatz **Sundische Wiese.**

Im dortigen Hotel-Restaurant kann man eine Rast einlegen, der Cafégarten ist tagsüber meist geöffnet. Etwa 200 Meter hinter dem Parkplatz stößt man auf das *Informationszentrum Sundische Wiese,* dessen Ausstellung ausführliche Informationen über diesen Teil des Nationalparks liefert.

Vom Informationszentrum geht es weiter auf einer schnurgeraden, 8 Kilometer langen Straße durch die Sundische Wiese nach Pramort und zur Hohen Düne. Der Weg gestaltet sich über eine längere Strecke etwas monoton: Rechts liegt eine flache Wiesenlandschaft, links ein zwischen 1937 und 1992 militärisch genutztes Gelände.

Endpunkt der endlos erscheinenden Betonpiste ist **Pramort.** Hier stellt man die Räder ab und geht zu Fuß weiter. Von der erhöhten Aussichtshütte bietet sich ein wundervoller Ausblick auf die sanfte Boddenlandschaft und die vorgelagerten Inseln. Sehr weit östlich kann man bei guter Fernsicht Hiddensee entdecken. Das seichte Wassergebiet ist einer der bedeutendsten **Kranich-Rastplätze** Europas. Im Früh-

Ostsee
Nationalpark Vorpommersche Boddenlandschaft
ZINGST
Ostseeheilbad Zingst
Tour 5: Start Seebrücke
N
1000 m
Zingsthof
Kavaliers-weg
Grenzsteine
Osterwald
Grenzsteine
Müggenburg
Dreiländereck
Hotel Schlösschen Sundische Wiese
Informationszentrum Sundische Wiese
Sundische Wiese
Hohe Düne
Kranich-Beobachtungs-Plattformen
Pramort
Große Wiek
Kleine Wiek
Barther Bodden
Oie
Große Kirr

Vogel des Glücks: der Kranich

jahr und Herbst kann man ein einzigartiges Naturschauspiel beobachten.

Auf einem schmalen Deichweg geht es nun noch 1,5 Kilometer in nördlicher Richtung bis zur **Hohen Düne.** Mit ihrem 12 Meter hohen und über 2 Kilometer langen Weißdünenmassiv zählt sie zur mächtigsten waldfreien Düne Deutschlands. Zwei weitere Beobachtungsplattformen finden sich hier, die wegen ihrer tollen Aussicht beide besucht werden sollten.

Von hier tritt man den Rückweg an, schnappt sich die Räder am Pramort und folgt der gleichen Route bis zum Parkplatz Sundische Wiese.

Auf der Rückfahrt lohnt ein Schlenker zur Kleinen Wiek. Über die wenig befahrene Landstraße, die am Osterwald abzweigt, führt die Route nach Südwesten. Zwischen einigen ländlichen Anwesen kann man über Kopfsteinpflaster links auf dem Deich bis zum Wieckufer des Boddens fahren und den reizvollen Ausblick auf Vogelinseln und über den Bodden nach Barth erleben. Der Weg führt weiter auf der kaum befahrenen Landstraße an Müggenburg vorbei zum Deich, auf dem man schließlich wieder zur Seebrücke gelangt.

Kranichbeobachtung
Ein Spektakel für Augen & Ohren

Zweimal im Jahr spielt sich in der Boddenregion ein einzigartiges Schauspiel ab: Bis zu 45 000 Kraniche machen hier im Frühjahr (Mitte Februar bis Mitte März) und im Herbst (September bis oft in den November) auf ihrem Flug zu den Brutstätten oder in die Winterquartiere Station.

Die Kraniche bleiben auf ihrer Reise in wärmere Gefilde im Herbst oft wochenlang auf den Wiesen östlich von Zingst. Auf dem Frühlingszug Richtung Norden machen die Vögel meist nur kurz hier Rast. Durch den Frühjahrszug haben die Kraniche den Beinamen „Vogel des Glücks" erhalten. Diese Bezeichnung stammt aus Schweden und spielt darauf an, dass mit dem Kranich Wärme, Licht und Nahrungsfülle zurückkommen.

Tagsüber kann man die Tiere auf den boddennahen Wiesen und Feldern beobachten. Doch Vorsicht: Ihre Fluchtdistanz liegt schon bei weit über 300 Metern! Wenn mehrere Tiere einer Gruppe gleichzeitig die Köpfe heben, ist dies ein sicheres Zeichen dafür, dass die Vögel sich gestört fühlen. Panik und Flucht verbrauchen unnötig Energie. Diese brauchen die Tiere aber, um die nächste Etappe ihrer 4 000 bis 12 000 Kilometer langen Flugrouten durchzuhalten.

Ein besonderes Spektakel ereignet sich zur Dämmerung, wenn zehntausende Kraniche von ihren Fressplätzen auf dem Festland mit schrillen Trompetenschreien zu ihren Schlafplätzen auf dem Wasser fliegen.

Gute Orte zur Beobachtung des abendlichen Einflugs der Vögel sind die Beobachtungsplattformen am Pramort/Ostzingst. Sie wurden von der Nationalparkverwaltung eingerichtet, um eine Störung der Tiere zu verhindern und die nötige Distanz zu garantieren. Sie sollten den Beobachtungsort schon vor dem Kranicheinflug aufsuchen und erst wieder verlassen, nachdem alle Kraniche an ihren Schlafplätzen sind.

Hinweis: Die Plattformen befinden sich circa 8 Kilometer vom Eingang zur Sundischen Wiese entfernt. Die Zahl der Besucher ist während des Kranichzugs beschränkt (max. 80 Personen, daher besser vorbestellen) und kostenpflichtig. Karten sind ab 15 Uhr bei der Informationseinrichtung Zingst/Sundische Wiese erhältlich (100 Meter vom Parkplatz Sundische Wiese entfernt ▸ Seite 100), Informationen unter Tel. (03 82 34) 50 20. Fernglas nicht vergessen! Ferngläser können auch im Kranichshop bei der Kurverwaltung geliehen werden. Autoanfahrt ist nur bis zum Parkplatz Sundische Wiese möglich. Von dort zu Fuß oder per Rad (Tour 5 ▸ Seite 100). Fahrräder können auch im Hotel *Schlösschen Sundische Wiese* geliehen werden. Dort gibt es auch einen Cafégarten.

Tour 6: Radtour von Zingst nach Barth

Von Zingst führt die abwechslungsreiche Radtour auf der ehemaligen Trasse der Darßbahn über die Meiningenbrücke nach Barth. Für die Rückfahrt kann man auch die Fähre nehmen.

Charakteristik: Leichte Radtour ausschließlich auf Radwegen getrennt vom Straßenverkehr

Start & Ziel: Zingst, Hafen

Strecke: Zingst/Hafen – Meiningenbrücke – Pruchten – Barth (gleiche Strecke zurück)

Entfernung: ca. 26 km (hin und zurück)

Dauer: etwa 3 Stunden reine Fahrzeit

Tipp: Auf dem Rückweg kann man auch die Fähre von Barth nach Zingst nehmen (Bootsfahrten ▸ Seite 98).

Achtung: Während der Brückenöffnungszeiten ist die Drehbrücke für 15 Min. nicht passierbar (▸ Seite 134)!

Start am Hafen von Zingst. Von hier aus folgt man dem Radwanderweg *Südlicher Boddenweg* zunächst auf dem Deich in Richtung Südwesten. Weithin ist die grüne Landschaft am Bodden zu sehen. Der Weg biegt nach einigen Minuten nach rechts ab. Man überquert die Barther Straße, um nach ungefähr 200 Metern wieder nach links auf den Radweg nach Barth abzuzweigen. Der Radweg verläuft jetzt auf der ehemaligen Trasse der Darßbahn. Auf der rechten Seite breitet sich der Freesenbruch aus und links verläuft die Landstraße.

Nach circa drei Kilometern erreicht man die **Meiningenbrücke** (▸ Seite 111), die Verbindung zum Festland. Eigentlich sind es zwei Brücken, die hier die Halbinsel Zingst mit dem Festland verbinden. Eine historische Brücke, die ursprünglich für den Eisenbahnverkehr gebaut wurde, und eine neue Behelfsbrücke, die heute dem Auto-, Fahrrad- und Fußgängerverkehr dient. Von der Brücke hat man freien Blick auf den Bodstedter Bodden und den Zugang des Barther Boddens.

Auf dem Festland geht es dann weiter auf dem asphaltierten Radweg längs der im Jahr 1945 stillgelegten Darßbahn. Dabei wird tiefergelegenes Gelände durch einen Damm auf Stelzen überwunden.

Der Weg führt vorbei am **Alten Bahnhof Bresewitz** (▸ Seite 112), der mittlerweile in privater Hand ist. Vor dem Bahnhof stehen Waggons, die als Galerien genutzt werden. Nächster Ort nach vier Kilometern an der Strecke ist **Pruchten.**

Bald darauf erreicht man die Landstraße, die überquert wird, um im Linksbogen über den Barther Ortsteil Tannenheim nach **Barth** zu gelangen (separater Radweg). Der Kirchturm von Barth und das Dammtor sind nun unverkennbar am Horizont zu sehen. Auf der Barther Straße führt der Weg durch das Dammtor direkt zum Marktplatz von Barth (▸ Seite 107).

Seebrücke
Ostseeheilbad Zingst
Tour 6 Start
Zingster Strom
Oster-
Wald
reesen-
bruch
Barther Straße
Große Kirr
Kleine Kirr
Brunst-
werder
Oie
Meiningenbrücke
Bresewitz
Galerie-Bahnhof
Bresewitz
N
1000 m
Barther
Bodden
Pruchten
Barther Strom
Dammtor
Marienkirche
Barth-
Tannenheim
Barth

Südliche Boddenküste

Hinterm Bodden geht's weiter

Barth

Lauschige Gassen, ein weitläufiger Marktplatz, die alles überragende Marienkirche und ein betriebsamer Hafen: Das 9 000-Einwohner zählende Städtchen Barth hat viel Atmosphäre. Rund um den historischen Stadtkern ziehen sich ringförmig hübsche Gässchen mit farbenfrohen Fassaden.

Die alte vorpommersche Hafenstadt wurde 1159 erstmals urkundlich erwähnt und erhielt 1255 das Stadtrecht. Bis zum Ende des 15. Jahrhunderts war sie Residenz der rügischen und später pommerschen Herzöge, die die Stadt zur wirtschaftlichen Blüte führten. Durch den Dreißigjährigen Krieg und die Schwedenherrschaft geschwächt, verarmte Barth. Erst mit der Segelschifffahrt und dem Schiffbau setzte im 18. und 19. Jahrhundert ein neuer Aufschwung ein. Werften und große Reedereien entstanden, sodass sich Barth im 19. Jahrhundert zum zweitgrößten Seehafen Preußens entwickelte. Ende des 19. Jahrhunderts ging die große Schiffbauzeit zu Ende und Barth entwickelte sich als typisches pommersches Städtchen in einem bäuerlichen Umfeld. Mit der Zunahme des Fremdenverkehrs auf dem Zingst und Darß konnte Barth als Durchgangsort Gäste gewinnen. Neben dem historischen Stadtkern lockt auch die Umgebung: Östlich von Barth erstreckt sich eine stille Uferlandschaft mit sanften Hügeln, die schöne Rundblicke über Bodden und Hinterland bieten.

Das sagenhafte Vineta

Und dann gibt es da noch die Vineta-Legende. 1998 meinten Forscher Hinweise gefunden zu haben, dass sich die legendäre, im Meer versunkene Stadt Vineta vor der Küste der Stadt im Barther Bodden befunden habe. Auch wenn es nur eine unbewiesene Vermutung ist – seitdem nennt sich Barth Vinetastadt und das Stadtmuseum heißt Vineta-Museum.

Die Sage um Vineta handelt von einer einst reichen und mächtigen Stadt an der Ostsee um das Jahr 1000, deren Bürgern vor lauter Reichtum jede Moral abhanden kam. Hochmütigkeit und Verschwendungssucht regierten in der Stadt, bis die Strafe Gottes in Form einer riesigen Flutwelle alles im Meer versinken ließ.

Spaziergang durch Barth

Ein guter Ausgangspunkt für einen Stadtspaziergang ist das 35 Meter hohe **Dammtor** (1) am westlichen Eingang zur Altstadt. Der Torbau von 1357 ist der einzige originale Eingang zum alten Kern der Stadt, der noch den kreisförmigen mittelalterlichen Grundriss hat. Das Dammtor und der 12 Meter hohe Fangelturm in der Turmstraße auf der östlichen

◂ Der Marktplatz von Barth wird von der Marienkirche überragt. Vom Turm hat man einen weiten Blick auf die Stadt und das Umland

Barther Stadthafen mit Hotel Speicher

Seite der Altstadt sind eindrucksvolle Reste der mittelalterlichen Wehranlage von Barth. Durch die spitzbogige Einfahrt des Dammtors führt der Weg über die Dammstraße direkt zum großen Marktplatz. Linker Hand erhebt sich kurz vor dem Marktplatz die mächtige **Stadtkirche St. Marien** **2**. Das Wahrzeichen der Stadt wurde im 13. Jahrhundert im Stil der Backsteingotik erbaut. Beeindruckend ist die von F. A. Stüler stammende Innengestaltung. Vom 87 Meter hohen Turm bietet sich eine herrliche Aussicht über die Boddenlandschaft.

Der sehr große Marktplatz ist an drei Seiten von liebevoll restaurierten historischen Gebäuden eingefasst, Cafés laden zur Rast ein. Von hier zweigt die **Lange Straße,** die Einkaufsmeile von Barth, in Richtung Süden ab. Sie wird gesäumt vom fröhlichen Durcheinander von Giebel- und Fachwerkhäusern, Putzfassaden des 18. und 19. Jahrhunderts sowie Gründerzeitklinkern.

Eingebogen in die Turmstraße, kommt man am **Fangelturm** **3** vorbei, der einst als Gefängnis diente. Dahinter liegen die begrünten Wallanlagen. Zurück am Markt gelangt man über die Fischer- und Klosterstraße zum **Adligen Fräuleinstift** **4**. Der Barockbau von 1733 ist das einzige schwedische Klosterstift in Deutschland. Es dient heute als Einrichtung für betreutes Wohnen. Über die Fischerstraße gelangt man zum neu ausgebauten, weitläufigen Stadthafen, wo heute vor allem Sportboote an der Kaimauer liegen. Das große Gebäude rechter Hand ist das *Hotel Speicher Barth*, ein gelungener Umbau eines alten Speichers zu einem stylischen Hotel. In der Mitte des Hafens steht der neue, fast futuristisch anmutende Glasflachbau der Hafenmeisterei, in dem es auch einen Infoschalter gibt. Noch etwas weiter westlich lädt eine Hafenpromenade mit Cafés und Läden zum Flanieren ein.

Vineta-Museum 5

Das Museum zeigt neben wechselnden Ausstellungen stadtgeschichtliche Exponate und pflegt den Vineta-Mythos.

Lange Straße 16 | Tel. (03 82 31) 8 17 71 | www.vineta-museum.de

Museum in der Alten Druckerei 6

Neben der Geschichte des Hauses widmet sich das kleine Museum besonders der norddeutschen Heimatdichterin Martha Müller-Grählert, die 1876 in Barth geboren wurde.

Lange Straße 3 | Tel. (03 82 31) 7 73 88

Windjammer-Museum 7

Geschichte, Modelle, Gemälde zur großen Zeit der Segelschiffe in Barth.

Hafenstraße 22 | www.windjammer-museum.de

DOK-Ausstellung 12 von 750 8

Zwischen 1933 und 1945 gab es rund um Barth Rüstungsbetriebe, Lager für Kriegsgefangene und Zwangsarbeiter sowie ein Konzentrationslager. Die sehenswerte Ausstellung dokumentiert eindringlich diese Zeit.

Bleicherwall 1b | www.dok-barth.de

Bibelzentrum Barth 9
Multimediale Ausstellung zur Bibel in der Hospitalkirche St. Jürgen. Höhepunkt ist die plattdeutsche *Barther Bibel* von 1588. Südöstlich der Altstadt.
Sundische Straße 52 |
www.bibelzentrum-barth.de

Praktische Tipps

Hinkommen

Bahn: Regionalbahn alle 40–80 Minuten nach Velgast, dort Anschluss Richtung Stralsund und Rostock.
Bus: Linie 210 ab Barth Bhf. und Hafen ca. alle 1–2 Stunden über Fischland-Darß-Zingst nach Ribnitz-Damgarten. Weitere Busse fahren südlich des Boddens nach Ribnitz-Damgarten.
Fähre: Barth–Zingst (Fahrradmitnahme möglich).
Apr./Mai/Sep./Okt. stündlich 11–16 Uhr, Juni–Aug. stündlich 10.30–17.30 Uhr

Gut zu wissen

Barth Information
Stadtinformation und Zimmerbörse.
18356 Barth | Am Markt 3–4 |
www.stadt-barth.de

Übernachten & Essen

Hotel Speicher Barth 1
4-Sterne-Design-Hotel in ehemaligem Kornspeicher, großzügige und modern gestaltete Zimmer und Suiten mit fantastischem Boddenblick. Mit Wellnessbereich und Restaurant.
Am Osthafen 2 | Tel. (03 82 31) 6 33 00 |
www.speicher-barth.de | €€–€€€

Pension & Restaurant Eshramo 2
Restauriertes Altstadthaus direkt am Marktplatz. Zehn stilvoll und modern eingerichtete Zimmer. Das Restaurant bietet feine mediterrane Küche.
Markt 13 | Tel. (03 82 31) 45 00 04 |
www.hotel-barth.de | €€

via Tipp **Galerie Café** 1
Neben süßen Leckereien auch herzhafte Snacks, Quiches und Suppen. In den verwinkelten Räumen werden auch Werke von regionalen Künstlern und Kunsthandwerkern ausgestellt.
Klosterstraße 1 (am Marktplatz) |
Tel. (03 82 31) 49 90 57 | Di–So 9–17 Uhr

Kaufen & stöbern

Markthalle
Regionalladen mit Produkten von Barther Bier bis Keramikwerkhof (▸ Seite 27).
Lange Str. 25 | www.markthalle-barth.de |
Mo–Fr 9–18, Sa 9–14 Uhr

Norddeutsche Lebensart
Handgefertigte Keramik aus der Region, selbst gemachte Fruchtaufstriche, Säfte, Tee, Weine und mehr bietet Elke Behrendt in ihrem liebevoll eingerichteten Laden an.
Lange Straße 34 | Tel. (03 82 31) 20 63

Galerie Meeres-Rausch
Ines Rausch fertigt schöne Dinge aus Treibholz und Strandfunden: Lampen, Schilder, Kerzenhalter und mehr.
Am Westhafen 16 | Tel. (01 73) 3 78 27 55 |
www.meeres-rausch.de

Kunst & Kultur

Barther Boddenbühne
Aufführungen der Vorpommerschen Landesbühne, Konzerte, Gastspiele, Lesungen. Im Sommer auch Open-Air-Aufführungen im Theatergarten.
Trebin 35a | Tel. (0 39 71) 2 68 88 00 |
www.vorpommersche-landesbuehne.de

Die Meiningenbrücke
Drehen, bitte!

Die Meiningenbrücke verbindet Zingst seit 1912 mit dem Festland. Heute besteht sie aus zwei Brückenbauwerken: einer historischen Brücke, die außer Betrieb ist, und einer Behelfsbrücke, über die der Verkehr fließt.

Über die 470 Meter lange Stahlkonstruktion der alten Meiningenbrücke rumpelte bis Ende des Zweiten Weltkrieges die Darßbahn. Die Drehbrücke war ursprünglich nur für den Zugverkehr vorgesehen. Später rollte auch der Straßenverkehr einspurig über die Brücke.

Nachdem die Gleise der Bahnstrecke 1945 als Reparationsleistung für die Sowjetunion abgebaut worden waren, diente die Drehbrücke nur noch als Straßenbrücke. Weil das über 100 Jahre alte Brückenbauwerk in den nächsten Jahren einer neuen Brücke weichen soll, wurde 2012 eine Behelfsbrücke gebaut. Seitdem fließt der Verkehr zweispurig über die parallel verlaufende, 200 Meter lange Behelfsbrücke, ebenso gibt es eine Spur für Fußgänger und Radfahrer.

Viermal täglich aber dreht sich die Brücke in den Sommermonaten zur Seite. Dann können Boote und Schiffe den Meiningenstrom passieren. Die Sperrzeiten für den Straßenverkehr betragen nur noch 15 Minuten, bei der alten Meiningenbrücke dauerte es noch 45 Minuten.

Die alte Meiningenbrücke ist ein technisches Denkmal

Bresewitz & Pruchten

Der kleine Ort Bresewitz gehört zur Gemeinde Pruchten und ist – wie alle Dörfer hier – ursprünglich ein altes Boddenfischer- und Seefahrerdorf.

Heute nennt sich **Bresewitz** zu Recht „Kranichdorf". Es liegt fast am äußersten Ende der Landzunge, in der Nähe der Meiningenbrücke und gegenüber den Vogelschutzinseln Kirr und Oie. Ein idealer Standort für Kranichbeobachtungen, da diese zu Tausenden ihre Nachtquartiere auf den Inseln anfliegen und dabei über Bresewitz langsam in den Sinkflug gehen.

Von 1910 bis zum Ende des Zweiten Weltkrieges führte die Darßbahn von Barth über Bresewitz nach Zingst und Prerow. Heute stehen im stillgelegten Bahnhof historische Bahnbetriebswagen, in denen im Sommer Konzerte und Lesungen stattfinden.

Am ehemaligen Bahnhof Bresewitz

Pruchten liegt südlich von Bresewitz auf dem Festland, etwa 2,5 Kilometer nordwestlich von Barth. Das kleine Dorf hat einen Bäcker, ein Fischgeschäft, Fischer (Fischverkauf), einen Lebensmittelladen, Restaurants und einen Fahrradverleih.

Hinkommen

Bus: Linie 210 verbindet Pruchten und Bresewitz mit allen Orten auf Fischland-Darß-Zingst und den Bahnhöfen Ribnitz-Damgarten West und Barth.

Mo–Fr ca. stdl., Sa/So ca. alle 2–3 Stunden

Gut gebettet

Bahnhof Bresewitz

Vier komfortable FeWos mit Holzböden, modernen Küchen und Bädern im behutsam renovierten alten Bahnhof von Bresewitz. Auf dem Grundstück gibt es noch einige originale Gegenstände, die an die historische Darßbahn erinnern: Das alte Signal, eine Schranke, eine Draisine und fünf Eisenbahnwaggons, die auf den alten Gleisen geparkt sind. Mit Holzböden, modernen Küchen und Bädern.

18356 Bresewitz | Bahnhofstraße 11 | Tel. (03 82 31) 8 26 75 | www.bahnhof-bresewitz.de | Ab 60 €/Nacht

Naturcamp Pruchten

Idyllischer und komfortabler Zeltplatz in der Fuhlendorfer Heide, 200 Meter zum Bodden, SB-Markt, Gaststätte, auch Vermietung von Blockhütten und FeWos.

18356 Pruchten | Am Campingplatz 1 | Tel. (03 82 31) 20 45 | www.naturcamp.de | März–Okt.

Boddenidylle

Bodstedt

Das ehemalige Fischerdorf am Südufer des gleichnamigen Boddens gilt als Heimat der Zeesboote.

Noch vor etwa 40 Jahren fuhren von dem kleinen Hafen Fischer mit den traditionellen Booten hinaus. Im Hafen liegen auch heute meist einige der schönen Holzboote mit den braunen Segeln. Die **Zeesbootregatta** (jeweils am ersten Sonnabend im September) zieht jährlich tausende Besucher an. In den 1960er-Jahren fand hier die erste Regatta statt und begründete damit die Tradition.

Im 15. Jahrhundert war Bodstedt ein bedeutender Wallfahrtsort für christliche Seefahrer. Aus dieser Zeit stammt auch die **Dorfkirche,** die ehemalige Wallfahrtskirche. An dem schlichten, spätgotischen Backsteinbau ohne Kirchturm ist eine Flutmarke von 1872 zu finden. Der große Orkan hatte auch die südliche Boddenküste nicht verschont.

Bodstedt bietet einen kleinen Boddenbadestrand. In der offenen Landschaft rasten zur Zugzeit die Kraniche.

Hinkommen

Bus: Linie 214, Mo–Fr mehrmals täglich von Barth.

Fähre: *MS Heidi* fährt in der Saison zweimal täglich von Prerow und Born nach Bodstedt.

Reederei Rasche | Tel. (03 82 34) 2 10 | www.fahrgastschiff-darss.de | Mai–Sep. tgl., Apr./Okt. Di–Do, So

Übernachten & Essen

Am alten Hafen

Rustikales Restaurant direkt am Hafen, einfache, gute Fischgerichte. Schön sitzt man auf der windgeschützten Terrasse.

Am Hafen 3 | Tel. (0 38 23) 14 11 38

Ribnitz-Damgarten

Ribnitz-Damgarten (circa 16 000 Einwohner) liegt landschaftlich reizvoll am Südufer des Saaler Boddens. Im lebendigen alten Ortskern lässt sich viel entdecken.

Die freundliche Kleinstadt schmückt sich mit dem Beinamen „Bernsteinstadt", und das nicht ohne Grund: Hier dreht sich vieles um den goldgelben Stein. Hauptattraktion ist das Deutsche Bernsteinmuseum, das jährlich zahlreiche Besucher anzieht. Ein weiterer Anziehungspunkt ist die große Bernstein-Schaumanufaktur im Ortsteil Damgarten. Ansonsten geht es in der Doppelstadt beschaulich zu. Sie entstand 1950 durch die Vereinigung des mecklenburgischen Ribnitz mit dem vorpommerschen Damgarten. Die Grenze zwischen Mecklenburg und Pommern bildete das Flüsschen Recknitz, das sich mitten durch die Stadt schlängelt und in die Ostsee mündet.

In unmittelbarer Nähe der Recknitzmündung überquerte im Mittelalter eine bedeutende Handelsstraße, die von Lübeck nach Stralsund verlief, die Recknitzniederung. Im 13. Jahrhundert erlangte dieser alte Handelsweg strategische Bedeutung. Die mecklenburgischen Fürsten errichteten um 1210 zum Schutz des Grenzübergangs eine befestigte Siedlung, die um 1233 unter dem Namen „Rybanis" (slawisch für „Fischort") das Stadtrecht erhielt. Auf der anderen Seite des Flusses verlieh Rügenfürst Jaromar II. dem 1225 erstmals erwähnten Ort „Damechora" (slawisch für „Eichenberg") 1258 das Stadtrecht, in der Absicht, hier eine pommersche Grenzfeste gegen Mecklenburg zu schaffen.

Obwohl diese beiden Städte nur einen Katzensprung auseinanderliegen, waren sie in der Vergangenheit doch von unterschiedlichen Entwicklungen geprägt. Ribnitz war dabei immer die bedeutendere der beiden Nachbarinnen, ausgestattet mit der gotischen Marienkirche, einem reichen Nonnenkloster und einem Hafen. Der Ribnitzer Hafen erlangte jedoch nie die Bedeutung der Häfen anderer Ostseestädte. Dafür machten sich im Mittelalter Seeräuber breit, denen das verworrene Boddengewässer ideale Voraussetzungen zur Piraterie bot. Damgarten hingegen blieb ein bedeutungsloses Landstädtchen. Auch heute wirkt es mit Kopfsteinpflaster und vereinzelten Fachwerkhäusern eher verschlafen.

Sehenswertes

Ein guter Ausgangspunkt für einen Spaziergang ist der **Marktplatz** im historischen Stadtzentrum von Ribnitz. Hier erhebt sich neben der modernen, rot spiegelnden Touristinformation die mächtige **Marienkirche** 1 über die umliegenden Bürgerhäuser. Der Backsteinbau aus dem 13. Jahrhundert verfügt über eine barocke Innenausstattung. Von dem 50 Meter hohen Turm hat man einen wunderbaren Blick über die Umgebung. Zwischen der Touristinformation und dem klassizistischen **Rathaus** 2 (1834) mit der zitronengelben Fassade liegt der fantasievolle **Bernsteinbrunnen.** Das Bronze-Ensemble von 2007 stellt eine Bernsteinfischerfamilie samt Haustier dar und ist vor allem für Kinder ein Riesenspaß. Unweit des Marktes, am Ende der Langen Straße in westlicher Richtung, findet sich das einzige Relikt der mittelalterlichen Stadtbefestigung: das trutzige **Rostocker Tor** 3. Der Backsteinbau wurde im frühen 15. Jahrhundert errichtet und blieb als einziges von einst fünf Toren erhalten.

Südlich des Marktplatzes liegt das historische **Klarissenkloster** 4 mit dem hübschen Klosterhof. Aus der Gründungszeit im Mittelalter blieb nur die zierliche **Klosterkirche** (1323) erhalten. In ihr werden unter anderem die „Ribnitzer Madonnen", kostbare holzgeschnitzte Heiligenfiguren aus dem 14. Jahrhundert, aufbewahrt. Im sehenswerten Innern befindet sich außerdem eine interessante Ausstellung zur Geschichte des Klosters. Der Klosterkomplex beherbergt heute auch das sehenswerte **Deutsche Bernsteinmuseum** 5. Schräg gegenüber vom Museum präsentiert die Galerie im Kloster auch Grafiken des Bauhaus-Künstlers Lyonel Feininger zu Motiven aus Ribnitz-Damgarten.

Die alten Straßen der Fischer nördlich vom Marktplatz führen zum Bodden und **Hafen** 6. Vom Schiffsanleger starten Schiffe in der Saison mehrmals täglich nach Dierhagen Dorf und Wustrow. Der Hafen wurde 1879 erbaut und mehrfach erweitert. Von hier aus verband ein regelmäßiger Schiffsverkehr die Stadt mit dem Fischland.

Am Hafen von Ribnitz-Damgarten, im Hintergrund ragt die Marienkirche auf

Deutsches Bernsteinmuseum 5

Das beeindruckende, interaktive Museum in der Klosteranlage zeigt anschaulich die Natur-, Kunst- und Kulturgeschichte des baltischen Bernsteins. Ausgestellt werden unter anderem Exemplare mit außergewöhnlichen Einschlüssen (z. B. urzeitliche Blüten, Käfer und Skorpione), Schmuck und Kunstgegenstände. Sogar einen teilweisen Nachbau des berühmten, seit 1945 verschollenen Bernsteinzimmers kann man bewundern. Für ein kleines Entgelt können sich Besucher selbst als Bernsteinschleifer versuchen.

Im Dachgeschoss erzählen historische Figuren in einer multimedialen Ausstellung die Geschichte von Ribnitz-Damgarten. Schönes Café und gut sortierter Museumsshop.

Im Kloster 1–3 | Tel. (0 38 21) 46 22 | www.deutsches-bernsteinmuseum.de | Apr.–Okt. tgl. 9.30–18 Uhr, Nov.–März Di–So 9.30–17 Uhr | Erw. 8,50 €, Kinder 4 €

Galerie im Kloster

Eine kleine Dauerausstellung widmet sich den Werken Lyonel Feiningers, die während seines Aufenthaltes 1905 in der Stadt entstanden sind. Daneben wechselnde Ausstellungen.

Im Kloster 9 | Tel. (0 38 21) 47 01 | Di–Sa 11–17 Uhr

Bernstein-Schaumanufaktur

In der großen Schaumanufaktur in einem pyramidenförmigen Gebäude kann man zuschauen, wie Bernstein gesägt und poliert wird und mit der Verarbeitung von Silber und Gold schöne Gegenstände entstehen. Danach können große und kleine Bernsteinliebhaber unter fachkundiger Anleitung und mit dem nötigen Geschick sich ein eigenes Schmuckstück herstellen. Mit Verkaufsausstellung.

OT Damgarten | An der Mühle 30 (an der B 105) | Tel. (0 38 21) 8 85 80 | www.ostseeschmuck.de | Mo–Fr 9.30–18 und Sa 9.30–16 Uhr

Im Klosterhof liegt auch die Galerie im Kloster

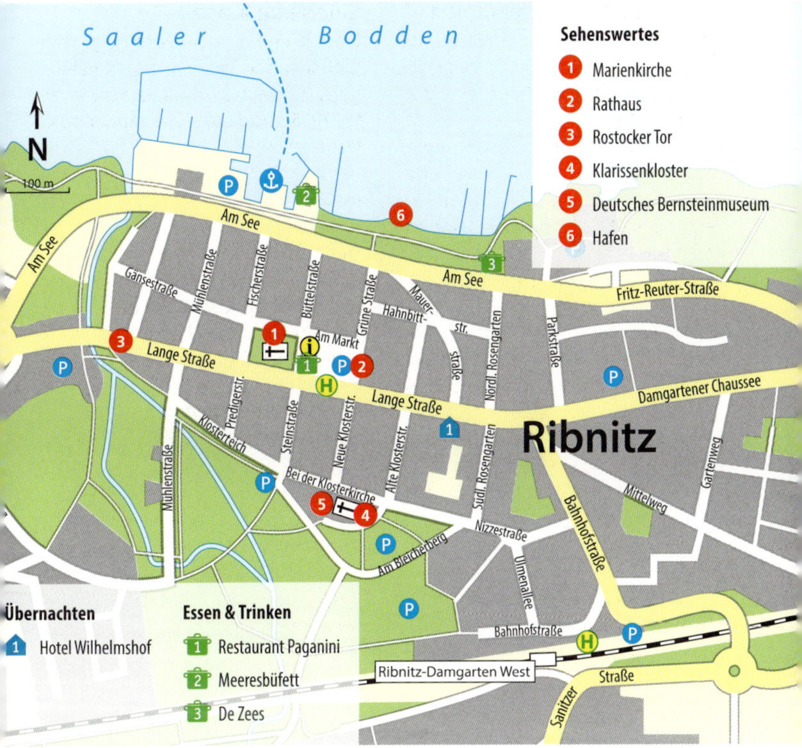

Praktische Tipps

Hinkommen

Bahn: Von Hamburg fünfmal täglich direkt, von Rostock und Stralsund ca. stündlich RE- und IC-Züge nach Ribnitz-Damgarten (West). Aus Berlin in Stralsund oder Rostock umsteigen.
Bus: Linie 210 in Richtung Fischland-Darß-Zingst (Mo–Fr in der Saison ca. stündlich, Sa/So ca. im 2-Stunden-Takt). Linie 214 verbindet südlich des Boddens mit Barth (etwa sechsmal täglich). Linie 202 verbindet Ribnitz mehrmals täglich mit Graal-Müritz, Abfahrt am Bahnhof und am Marktplatz.

Gut zu wissen

Stadtinformation

Infos, Zimmervermittlung und Flyer im roten Quader auf dem Marktplatz.
18311 Ribnitz-Damgarten | Am Markt 14 | Tel. (0 38 21) 22 01

Stadtführung

In der Saison jeden Mittwoch 11 Uhr, Treffpunkt an der Stadtinformation.

Bus frei

Mit einer mehrtägigen Kurkarte aus Ribnitz-Damgarten oder Dierhagen kann man die Busse in und um Ribnitz-Damgarten kostenfrei benutzen.

Gasse beim Klarissenkloster

Gut gebettet

Hotel Wilhelmshof 1

Kleines Wellnesshotel in einem 300 Jahre alten Wohn- und Speichergebäude im Zentrum. Zehn individuell eingerichtete Zimmer. Im Restaurant gibt es neben regionaler Küche auch ayurvedische Speisen.

Lange Straße 22 | Tel. (0 38 21) 22 09 | www.hotel-wilhelmshof.de | €€

Von Suppe bis Torte

Restaurant Paganini 1

Klassische italienische Küche mit frischen Zutaten im roten Quader am Marktplatz. Auch Kaffee und leckere Kuchen. Im Sommer sitzt man schön auf der Terrasse.

Am Markt 14 | Tel. (0 38 21) 70 66 05 | Tgl. 10–22 Uhr

Meeresbüfett am Ribnitzer Fischhafen 2

Maritime Gaststätte mit Blick auf den Bodden, fangfrischer Fisch, Verkauf von frischem und geräuchertem Fisch an der *Meerestheke*. Gleich links davon gibt es auch leckere Fischgerichte direkt vom Fischkutter *Elfriede*.

Am See 40 | Tel. (0 38 21) 30 07 18 | www.fischhafen.de | Tgl. 11–21 Uhr

De Zees 3

Regionale, anspruchsvolle Küche mit Schwerpunkt Fisch, aber auch Fleisch- und Wildgerichte sowie vegetarische Kost am Ribnitzer See. Von dem Gebäude, das auch schon Künstleratelier und Hafenschänke war, hat man eine tolle Aussicht auf Hafen und Bodden.

Am See 1a | Tel. (0 38 21) 89 48 30 | Tgl. ab 11 Uhr, im Winter Mo Ruhetag

Kaufen & stöbern

Wossidlo-Buchhandlung

Gut sortierte Buchhandlung in zentraler Lage, auch Regionales und Reiseführer.

Lange Straße 24 | Tel. (0 38 21) 8 86 20

Kerstins Naturkostladen

Selbst gebackener Kuchen, Sanddornprodukte (▸ Seite 27).

Am Markt 12 | Tel. (0 38 21) 70 77 50 | Mo–Fr 9–18, Sa 9–12 Uhr

MinVita

Kreative Produkte aus Salz und mehr: Gabriele Reinholtz bietet in ihrem Laden naturbelassene Mineralspeise- und Gourmetsalze aus eigener Produktion, Salzlampen, Teelichter sowie Kaffee, Müsli- und Nussmischungen und weitere Naturprodukte an.

Am Markt 5 | www.min-vita.de | Mo–Fr 10–17 Uhr

Bernstein Galerie E

Eine kleine Bernsteinschmuck-Galerie befindet sich in der Neuen Klosterstraße (zwischen Marktplatz und Bernsteinmuseum). Hier gibt es auch den Fischlandschmuck (▸ Seite 144).

Neue Klosterstraße 8 | Tel. (0 38 21) 81 52 61 | www.bernstein-galerie.de

Aktiv & sportlich

Boddentherme

Sport- und Erlebnisbad mit Sportbecken, Wellenbecken, Sprungturm, Wasserrutsche und Saunalandschaft.

Körkwitzer Weg 15 | Tel. (0 38 21) 3 90 99 61 | www.bodden-therme.de | Di–Fr 14–21 Uhr, Sa/So 10–18 Uhr

Zweirad Lange

Verleih und Reparatur.

Lange Straße 78 | Tel. (0 38 21) 27 09

Bootsfahrten

MS Boddenkieker

Die Fähre fährt dreimal täglich von Ribnitz über den Bodden nach Dierhagen Dorf, weiter nach Wustrow und zurück. Fahrzeit Ribnitz–Dierhagen ca. 45 Minuten, bis Wustrow weitere 45 Minuten. Fahrradmitnahme.

Reederei Kruse und Voß | Tel. (03 82 20) 5 88 | www.boddenschifffahrt.de | Ende Apr.–Anfang Okt. 9.45, 13.15, 15.45 Uhr

Fähre von Ribnitz zum Fischland

Rund um Ribnitz-Damgarten

Freilichtmuseum Klockenhagen

(Karte ▸ Seite 131)

Etwa vier Kilometer von Ribnitz-Damgarten entfernt liegt das Freilichtmuseum Klockenhagen. Auf dem *Denkmalhof* sind reetgedeckte Bauernkaten, Scheunen, eine Fachwerkkirche, ein Ziehbrunnen sowie eine Bockwindmühle zu sehen. Das älteste Haus ist von 1671. Ein Museumsbauer bestellt die Felder mit Pferden. In einer Schusterei findet sich alles, was man früher zur Herstellung von Schuhen brauchte. Ein Genuss sind die sommerlichen Backtage, wenn sonnabends frisches Brot wie zu Großmutters Zeiten gebacken wird. Deftige Hausmannskost gibt es in der rustikalen Gaststätte *Up dei Däl*. Auf der Verkaufsfläche des originalgetreuen Dorfladens gibt es Töpferwaren, Bücher und vieles mehr.

18311 Ribnitz-Damgarten, OT Klockenhagen | Mecklenburgerstraße 57 | Tel. (0 38 21) 27 75 | www.freilichtmuseum-klockenhagen.de | Apr.–Okt. tgl. 10–18 Uhr | Anfahrt: Buslinie 202 in Richtung Graal-Müritz

Technikmuseum Pütnitz

Auf dem Gelände eines ehemaligen sowjetischen Militärflugplatzes kann man historische Fahrzeuge des Ostblocks besichtigen. Besonders Abenteuerlustige haben sogar die Möglichkeit, selbst einen russischen LKW oder Geländewagen zu steuern. Auf dem Gelände findet auch das jährliche *Pangea Festival* statt.

18311 Ribnitz-Damgarten, OT Pütnitz | Flugplatzallee | Tel. (01 70) 2 23 58 50 | www.technikmuseum-puetnitz.de | Mitte Juni–Sep. tgl 10–16 Uhr, sonst seltener | Anfahrt: Mit dem Fahrrad von Ribnitz über Damgarten 8 km am Bodden entlangfahren

Das Freilichtmuseum Klockenhagen macht das Leben von früher anschaulich

Fütterungszeit beim Keilschwanzlori im Vogelpark Marlow

Recknitztal

17 Kilometer südöstlich von Ribnitz-Damgarten beginnt beim Städtchen **Marlow** das Naturschutzgebiet Unteres Recknitztal. Das malerische Flusstalmoor mit seinen angrenzenden Talhängen beherbergt viele seltene Pflanzen und Tiere. In Marlow ist der 22 Hektar große Vogelpark ein Hauptanziehungspunkt.

Sechs Kilometer weiter liegt im Recknitztal der Kurort **Bad Sülze,** in dem seit 1822 Sole und Torf für die Gesundheit nutzbar gemacht werden. Die Innenstadt und das Rathaus wurden seit 1991 aufwendig saniert. Im Salzmuseum wird die Salinen- und Kurgeschichte der Stadt gezeigt. Sehenswert ist auch der Kurpark, in dem im September das Dahlienfest der Stadt gefeiert wird. Mehrere hundert Dahlien sind in dieser Zeit im Kurpark zu bestaunen.

Vogelpark Marlow

Tiere ganz nah erleben ist das Motto des Vogelsparks. Die Gehege sind überwiegend begehbar. Es gibt einen Streichelzoo und einen Erlebnisbauernhof mit Schafen, Ziegen, dem Sattelschwein Rosi und Hütehund Frodo. In Tier- und Flugshows werden Vögel und andere Tiere in Aktion gezeigt. Auf einem Erlebnispfad können Kinder ihre Geschicklichkeit unter Beweis stellen.

Auf dem Parkgelände gibt es neun Spiellandschaften, die zum Toben, Klettern, Rutschen, Schaukeln und Entdecken einladen. Auch einen Baumkronenpfad und ein Hüpfkissen hat der Vogelpark zu bieten.

18337 Marlow | Kötzower Chaussee 1 |
www.vogelpark-marlow.de |
Mitte März–Ende Okt. tgl. 10–17 Uhr |
Anfahrt: Bus 204 mehrmals tgl. ab Ribnitz-Damgarten

Graal-Müritz & Rostocker Heide

Graal-Müritz – Zwischen Meer & Heide

Vorne weißer Strand und Ostsee, hinten die weiten Wälder der Rostocker Heide – das traditionsreiche Seeheilbad Graal-Müritz (circa 4 200 Einwohner) ist von schönster Landschaft umgeben.

Das weitläufige Ostseeheilbad liegt landschaftlich reizvoll etwa sechs Kilometer südwestlich von Dierhagen – und ist damit nur eine Strandwanderung vom Fischland entfernt. Der beschauliche Ort entstand 1938 durch die Zusammenlegung der beiden Fischerdörfer Graal und Müritz, die sich über fünf Kilometer zwischen Wald und endlosem Sandstrand erstrecken. Im älteren Ortsteil Müritz war ab 1328 ein Klosterhof entstanden, der vom Ribnitzer Kloster bewirtschaftet wurde. Das westlich davon gelegene Graal entstand erst 200 Jahre später rund um einen Meiereihof. Heute ist Graal der größere und bedeutendere Ortsteil.

Hier befinden sich auch die meisten Unterkünfte, Restaurants und Läden. Östlich davon liegt Müritz. Besonders der Ortsteil Müritz-Ost, der rund um die Strandstraße liegt, wirkt wie eine charmante, etwas verschlafene Strandsiedlung. Verbunden sind die Ortsteile durch den sechs Kilometer langen, feinen Sandstrand, an dem auch eine kleine Promenade entlangführt.

Ein richtiges Zentrum sucht man in Graal-Müritz vergebens. Das touristische Leben spielt sich rund um die Seebrücke ab und ein wenig in der sehenswerten Kurstraße in Graal. Hier finden sich auch historische Häuser im Bädervillenstil.

Eingerahmt wird Graal-Müritz vom größten zusammenhängenden Waldgebiet der deutschen Ostseeküste, der Rostocker Heide (▸ Seite 128). See- und Waldluft mischen sich hier so günstig, dass sich der Ort seit 1960 Seeheilbad nennen darf. Bereits seit Ende des 19. Jahrhunderts kommen in den Badeort jährlich zahlreiche Kurgäste, darunter auch berühmte Schriftsteller. So zählte, neben Kurt Tucholsky, Erich Kästner und Hans Fallada, auch Franz Kafka zu den bekanntesten Gästen des Ortes. Er war im Juli 1923 hier, um seine Tuberkulose zu kurieren. In Graal-Müritz lernte er die junge Dora Diamant kennen, mit der er später in Berlin zusammenlebte. Leider wurde das Gebäude, in dem Kafka logierte, abgerissen.

Bis heute hat sich in Graal-Müritz die Kuratmosphäre gehalten. So gibt es etwa ein Dutzend Sanatorien und Rehakliniken. Daneben entstanden in den letzten Jahren neue Hotels und Ferienwohnungen.

Strand

Kilometerlanger Sandstrand, der sich bis Hohe Düne bei Warnemünde in westlicher Richtung und bis auf das Fischland im Osten entlangzieht. Selbst im Hochsommer ist er an einigen Abschnitten fast menschenleer und daher besonders für Nacktbader ein Paradies. In Ortsnähe überwacht und mit Strandkörben.

◂ Beste Aussichten: Von der Graal-Müritzer Seebrücke kann man zum Fischland und auf die Mecklenburger Bucht blicken

Spaziergang durch Graal-Müritz

Ausgangspunkt ist das **Haus des Gastes** ① an der Ecke Rostocker Straße/Kurstraße im Ortsteil **Graal.** Der 1997 errichtete Bau ist nicht nur Informationszentrum, sondern auch Treffpunkt für kulturelle Veranstaltungen.

Gleich um die Ecke beginnt die von Bädervillen gesäumte **Kurstraße,** die zum **Rhododendronpark** ② führt. Auf etwa fünf Hektar Fläche stehen hier rund 2 500 Rhododendron- und Azaleenstauden, die im Mai und Juni in vielen Farben blühen und dabei einen wunderbaren Duft verströmen. Mittendrin steht ein Pavillon, in dem Konzerte (in der Saison mittwochs 15 Uhr) und Lesungen stattfinden. Ganz in der Nähe, am Ausgang Parkstraße, befindet sich das **Heimatmuseum** ③. Im ehemaligen Warmbad untergebracht, informiert eine Ausstellung über die Geschichte des Ortes.

Vom Rhododendronpark aus gelangt man durch den Wald an den Strand. Auf der windgeschützten Strandpromenade, die zwischen Stadtwald und Badestrand entlangführt, geht es in östlicher Richtung vorbei an der Musikmuschel zur 350 Meter langen **Seebrücke** ④. Ihre Beleuchtung wird mit Solarenergie betrieben. Beim Gang zum Brückenkopf eröffnet sich der Blick auf das Fischland.

Weiter an der Strandpromenade in östlicher Richtung: Vorbei an Skulpturen, die unter dem Titel *GROSSartige Flora und Fauna* Meeresbewohner in Übergröße darstellen, erreicht man nach etwa 1,5 Kilometern den Ortsteil **Müritz.** Rechter Hand geht es in die Strandstraße, die Müritz-Ost durchzieht. Sie führt an sogenannten *Matrosenhäusern* vorbei, die in der Zeit der Napoleonischen Kriege als Lohn für die Heimkehrer erbaut wurden. In der Strandstraße 16, dem heutigen *Haus Martha*, erinnert ein Schild an den Schriftsteller Erich Kästner, der hier 1914 seine Ferien verbracht hat.

Die Strandstraße endet an der Kreuzung mit der Ribnitzer Straße, der Landstraße nach Ribnitz-Damgarten. Kurz vorher zweigt noch rechts die Straße Am Tannenhof ab, in der gleich rechts der Garten des Caféstübchens *Witt* zur Rast einlädt.

An der relativ verkehrsreichen Ribnitzer Straße, in die man rechts einbiegt, liegen noch ein paar alte, meist restaurierte Büdnerhäuser. Büdner waren Kleinbauern, in der Regel teilten sich mehrere Familien ein Haus. Ein besonders schönes Büdnerhaus ist das reetgedeckte **Haus Timm** ⑤ in der Ribnitzer Straße 49.

Wo die Durchgangsstraße links in die Birkenallee abknickt, geht es weiter geradeaus in die Straße „Zur Seebrücke". Sie führt vorbei an einigen historischen Hotelbauten zum Platz an der Seebrücke.

Für den Rückweg zum Haus des Gastes nimmt man den Waldweg, der von der Straße Zur Seebrücke abzweigt. Hier kommt man an der evangelischen **Lukaskirche** ⑥ von 1908 vorbei. Der neoromanische Sakralbau wurde von Gotthilf L. Möckel erbaut und liegt im Wäldchen zwischen Graal und Müritz. Bauherr war Großherzog Friedrich Franz III., der im Jagdschloss Gelbensande (▸ Seite 128) seine Sommerresidenz hatte.

Die Kastanienallee führt von hier aus bis zur Ecke Lange Straße. Diese rechts eingebogen, gelangt man nach 500 Metern wieder zum Haus des Gastes an der Kurstraße.

Übernachten
1 Waldhotel
2 Akzent Apartmenthotel Residenz
3 Haus Grahl
Essen & Trinken
1 Pescado
2 Restaurant Zur Boje
3 Caféstübchen Witt
Sehenswertes
1 Haus des Gastes
2 Rhododendronpark
3 Heimatmuseum
4 Seebrücke
5 Haus Timm
6 Lukaskirche
Ostsee
Müritz
Graal
Ostseeheilbad Graal-Müritz
Rostocker Heide
Aquadrom
Musik-muschel
Start
200 m
N
Ribnitzer Straße
Strandstraße
Mittelweg
Strandpromenade
Radweg Richtung Dierhagen
Birkenallee
Bahnhofstraße
Kastanienallee
Lange Straße
Koppelweg
Rostocker Straße
Am Bahndamm
Zur Seebrücke
Buchenkampweg
Nachtigallenweg
Philosophenweg
Friedhofsweg
Am Wasserturm
Waldstraße
Dr.-Leber-Straße
August-Bebel-Straße
R.-Wossidlo-Straße
Onkel-Bräsig-Str.
Fritz-Reuter-Str.
Kurstraße
Parkstraße
Lindenweg
Buchenweg
Poetenweg
Graaler Landweg
Ostseecamp Rostocker Heide

Praktische Tipps

Hinkommen

Bahn: Regionalbahn stündlich nach Rostock Hbf.
Bus: Linie 118 verbindet mehrmals täglich mit Rostock. Linie 202 mehrmals täglich mit Ribnitz-Damgarten.

Gut zu wissen

Haus des Gastes

Neben Auskünften aller Art, Zimmervermittlung und einem gut sortierten Souvenirshop organisieren die Mitarbeiter im Haus des Gastes auch regelmäßig Ausstellungen, Lesungen und weitere Veranstaltungen.

18181 Graal-Müritz | Rostocker Straße 3 | Tel. (03 82 06) 70 30 | www.graal-mueritz.de | Mai–Sep. Mo–Sa 9–18, So 10–16, Okt.–Apr. Mo–Fr 10–17, Sa 9–12 Uhr

Gut gebettet

Waldhotel 1

Sehr schön restauriertes Bäderstilgebäude von 1894 mit 20 modern und elegant ausgestatteten Zimmern und Suiten an der hübschen Kurstraße, nahe Rhododendronpark, 400 Meter vom Strand entfernt. Freundlicher Service, hauseigene Sauna, empfehlenswertes Restaurant.

Parkstraße 5 | Tel. (03 82 06) 1 41 75 | www.waldhotel-ostsee.de | €€

Akzent Apartmenthotel Residenz 2

Neu erbautes Apartment-Hotel am Seebrückenplatz. 35 zeitgemäße Studios und Apartments in verschiedener Größe mit Holz/Laminatböden, Küchenzeile, teils mit Balkon. Moderner Wellnessbereich, mit Restaurant *Pescado* (▸ Von Suppe bis Torte). Das Hotel bemüht sich sehr um umweltfreundliches Wirtschaften und wur-

In der hübschen Kurstraße liegt ein Eingang zum Rhododendronpark

de vom Viabono-Hotelrechner als besonders klimafreundlich eingestuft.
Zur Seebrücke 34a | Tel. (03 82 06) 37 00 00 | www. apartmenthotel-residenz.de | €€–€€€

Ferienwohnungen

Haus Grahl 3

Apartments mit allem Komfort in einer alten Bäderstilvilla in der Kurstraße, im Jahr 2016 komplett neu renoviert und hochwertig eingerichtet. Mit kleinem Kinderspielplatz hinter dem Haus. Im heutigen Apartment *Vilm* hat schon der Schriftsteller Walter Kempowski übernachtet.
Kurstraße 25 | Buchung und Check-in im nahen Waldhotel | Tel. (03 82 06) 1 41 75 | www.ostseeurlaub-am-strand.de | FeWo ab 50 €

Camping

Ostseecamp Rostocker Heide

Nur durch die Düne vom Strand getrennt, ca. 1,5 km westlich von Graal-Müritz, weitläufiger und beliebter 4-Sterne-Platz, Surfschule.
Wiedortschneise 1 | Tel. (03 82 06) 7 75 80 | www.ostseecamp-ferienpark.de

Von Suppe bis Torte

Pescado 1

Modernes Fischrestaurant am Seebrückenplatz. Saisonal und mediterran. Preise etwas gehoben.
Zur Seebrücke 34a | Tel. (03 82 06) 37 00 01

Restaurant Zur Boje 2

Das Fischrestaurant liegt etwas versteckt hinter der Düne zwischen Graal und Müritz. Hier gibt es leckere, kreative Gerichte rund um den heimischen Fisch. Auch Kaffee, Kuchen und Eis. Im Sommer sitzt man wunderbar auf der Terrasse oder im Garten.
Mittelweg 1a | Tel. (03 82 06) 14 92 6 | www.zurboje.de

Caféstübchen Witt 3

Auf einem Gehöft mit Reetdach. Selbst gebackener Kuchen, schöner Sommergarten. Im Ortsteil Müritz.
Am Tannenhof 2 | Tel. (03 82 06) 7 72 21 | Di–So 12–22 Uhr

Kaufen & stöbern

Ostsee-Buchhandlung Graal-Müritz

Kleine, gut sortierte Buchhandlung.
Kurstraße 22 | Tel. (03 82 06) 7 99 18

Morgentau – Atelierladen für alle Sinne

Schöner Schmuck und Accessoires.
Kurstraße 19 | Tel. (03 82 06) 1 38 88 | Mo 14–18 Uhr, Di–Fr 10–13 und 15–18 Uhr, Sa 10–13 Uhr

Wellness

Aquadrom

Großes Erlebnisbad mit Innen- und Außenpools mit warmem Meerwasser, Whirlpool, Saunalandschaft u. a.
Buchenkampweg 9 | Tel. (03 82 06) 8 79 00 | www.aquadrom.net | Tgl. 11–19 Uhr, im Winterhalbjahr seltener

Aktiv & sportlich

Fahrradvermietung Thon

An zwei Standorten in Graal-Müritz. Man sollte ausdrücklich ein neues Rad verlangen.
Birkenallee 34 und am Parkplatz Rhododendronpark | Tel. (01 60) 4 39 43 96

Bootsfahrten

MS Baltica

In der Saison immer sonntags ab Seebrücke nach Warnemünde.

Rostocker Heide

Südlich von Graal-Müritz erstreckt sich die Rostocker Heide, mit über 400 Quadratkilometern der größte geschlossene Küstenwald in Deutschland.

Der Küstenwald besteht zu je einer Hälfte aus Nadel- und Laubbäumen. Es dominieren Buchen, Kiefern und Eichen, wobei letztere bis zu 300 Jahre alt sind. Außergewöhnlich sind die Eiben, von denen einige über 1 500 Jahre alt sein sollen. Zwischen den hohen, alten Bäumen erstrecken sich vor allem in Küstennähe ausgedehnte Moorgebiete wie das Naturschutzgebiet *Großes Ribnitzer Moor* südlich von Dierhagen (▸ Seite 35).

Nach dem Zweiten Weltkrieg wurde die Rostocker Heide von der sowjetischen Armee als Übungsplatz genutzt. Erst nach der Wende erhielt die Hansestadt ihren Wald zurück und das Militärgebiet wurde renaturiert. Heute ist die Rostocker Heide ein wunderbares Naherholungsgebiet mit hohem ökologischem Wert.

Ausgeschilderte Rad- und Wanderwege bieten beste Voraussetzungen, das große Waldgebiet zu erkunden. Gute Ausgangspunkte hierfür sind die Ostseebäder Graal-Müritz und Dierhagen oder auch der Ort Wiethagen am Südrand der Rostocker Heide (nahe Rövershagen). Reizvoll ist der Rundkurs durch die Heide. Er ist weiß-blau-weiß markiert und dient als gute Orientierung durch das weitläufige Waldgebiet. Bei der beschriebenen Beispieltour (▸ Seite 130) lernt man neben der einzigartigen Flora und Fauna auch die Sehenswürdigkeiten der Rostocker Heide kennen.

via Tipp Naturschatzkammer & Paradiesgarten Neuheide

In dem privaten Museum sechs Kilometer östlich von Graal-Müritz wird eine Sammlung von mehr als 250 Pilzarten, rund 200 besonders schönen Schmetterlingen, Mineralien, Fossilien und Tierpräparaten präsentiert. Attraktionen: Eine Steinkauzfamilie wird mit einer Kamera in ihrer Höhle beobachtet, die Bilder sind live im Museum zu sehen. Im Paradiesgarten kann man auf 3 500 Quadratmetern die Blütenpracht der Rosen bewundern. Mit Shop.

18311 Neuheide | Ribnitzer Landweg 2 |
Tel. (03 82 06) 7 99 21 |
www.naturschatzkammer.de |
Tgl. 10–17 Uhr | Erw. 6 €, erm. 2 €

Infozentrum Wald & Moor

Ausstellung mit Wissenswertem über die Entwicklung des *Großen Ribnitzer Moores*. Gleich neben der *Naturschutzkammer* (siehe oben).

18311 Neuheide | Ribnitzer Landweg 3 |
Tel. (0 38 02 06) 1 44 44 |
Apr.–Okt. Mi–So 10–17 Uhr

Jagdschloss Gelbensande

Etwa acht Kilometer von Graal-Müritz entfernt liegt das Jagdschloss Gelbensande. Die ehemalige Sommerresidenz des Mecklenburgischen Großherzogs Friedrich Franz III. ist im Jahr 1887 fertiggestellt worden. Verspielte Holzschnitzereien, Türmchen und Bleiglasfenster schmücken das Fachwerkhaus. Zu sehen sind u. a. königliches Porzellan und die Original-Bauzeichnungen des Schlosses.

18182 Gelbensande | Am Schloss 1 |
www.jagdschloss-gelbensande.de |
Mai–Okt. Mi–So 10–17, Nov.–Apr. 11–16 Uhr | Anfahrt: Vom Bahnhof Gelbensande ist das Jagdschloss zu Fuß in wenigen Minuten gut zu erreichen

Forst- und Köhlerhof Wiethagen

(Karte ▸ Seite 131)

Der typische Geruch von Holzteer und der harzige Geruch der Kiefernwälder empfangen den Besucher in der historischen Teerschwelerei von 1837, die 1984 zum Technischen Denkmal erklärt wurde. Mit dem Forst- und Teerschwelmuseum, dem Skulpturenpark, einem naturnahen Kinderspielplatz und *Koehlers Koek* mit kleinem Imbiss (nur am Wochenende) ist sie ein lohnendes Ziel für einen Ausflug. Ein in der Nähe als Rundweg eingerichteter Naturlehrpfad vermittelt viel Wissenswertes über Baumarten, Biotope und die Bewohner des Waldes.

Museumsanlage Forst- und Köhlerhof
18182 Rostock | Wiethagen 13 |
Ca. 5 km von Graal-Müritz entfernt |
www.koehlerhof-wiethagen.de |
Apr.–Sep. Di–Fr 9–17, Sa/So 10–17 Uhr,
Okt.–Mitte Dez. Di–Fr 9–16, So 10–16 Uhr

Karls Erlebnis-Dorf in Rövershagen

Esel streicheln, Schafe anschauen, Erdbeeren pflücken, Erbsensuppe essen: Dies und noch vieles mehr ist auf der großen Hofanlage von Karls Erlebnis-Dorf bei Rövershagen möglich. Neben den bekannten Erdbeeren werden in der Markthalle zahlreiche weitere Lebensmittel aus der Region angeboten, aber auch Souvenirs, Bücher, Landkarten und mehr. In der Hofgärtnerei kann man Pflanzen und Dekoration für Balkon und Garten erstehen. Im großen SB-Restaurant gibt es herzhafte Speisen und besonders guten Apfelkuchen. Kinder können sich auf dem großen Indoorspielplatz vergnügen. Eine Fahrt mit der Traktorbahn führt durch eine alte, verstaubte Scheune.

18182 Rövershagen | Purkshof 2 |
Tel. (03 82 02) 40 50 | www.karls.de |
Tgl. geöffnet | Anfahrt: Mit dem Bus 118 ab Rostock Dirkower Kreuz oder Graal-Müritz.
Bahn: Rövershagen und 30 Min. Fußweg

Rustikal und verspielt zugleich: das Jagdschloss Gelbensande

Tour 7: Radtour durch die Rostocker Heide

Diese schöne Rundtour führt durch den Wald der Rostocker Heide zu den Sehenswürdigkeiten rund um Graal-Müritz.

Charakteristik: Ausgedehnte Rundtour über Radwege, teils sandige Waldwege und Betonwege

Start: Graal-Müritz, Bahnhof

Ziel: Graal-Müritz, Kurstraße

Strecke: Graal-Müritz – Klein Müritz – Neuheide – Klockenhagen – Neu Hirschburg – Jagdschloss Gelbensande – Köhlerhof Wiethagen – Hinrichshagen – Graal-Müritz

Entfernung: ca. 35 km

Dauer: etwa 4 Stunden ohne Besichtigungen

Vom Bahnhof geht es auf dem straßenbegleitenden Radweg entlang der Bahnhofstraße in nordöstlicher Richtung. Wo die Straße nach links in die Birkenallee abzweigt, fährt man weiter geradeaus. Bald gelangt man auf einen schönen, schnurgeraden Waldweg. Wo dieser auf die Landstraße stößt, geht es rechts (Rad- und Fußweg) nach **Klein Müritz** (ca. 4 Kilometer), wo der Radweg die Straßenseite wechselt. Bald folgt man nicht mehr der Landstraße, sondern nimmt den geradeaus führenden Waldweg nach **Neuheide.** Vorbei am **Paradiesgarten,** an der **Naturschatzkammer** und dem **Infozentrum Wald & Moor** (▸ Seite 128) ist nach weiteren 4 Kilometern eine Landstraße erreicht, an der man rechts abbiegt (Radweg neben der Straße). Nach einem weiteren Kilometer ist Klockenhagen erreicht, wo rechts Wegweiser zum **Freilichtmuseum Klockenhagen** (▸ Seite 120) führen. Am Freilichtmuseum biegt man links ein, fährt aus Klockenhagen heraus, um nach 1 Kilometer rechts Richtung Neu Hirschburg einzubiegen. In dem Weiler biegt man an der zweiten Abzweigung links ab auf den Hirschburger Landweg, der nach **Gelbensande** führt.

Nach ca. 4 Kilometern durch den Wald folgt man links den Hinweisschildern zum **Jagdschloss Gelbensande** (▸ Seite 128), das bald durch die Bäume schimmert. Nach dem Durchqueren des alten Ortskerns von Gelbensande radelt man in westlicher Richtung in die Rostocker Heide bis zu **Meyers Hausstelle.** Von dort geht es weiter auf einem sandigen Forstweg 3,5 Kilometer Richtung **Wiethagen** mit dem rekonstruierten **Forst- und Köhlerhof** (▸ Seite 129). Hinter der Bahnschranke fährt man rechts und weiter zum Dorf Wiethagen. Im Ortskern geht es rechts auf einem Weg in den Wald hinein. Am markanten Beckerstein zweigt man links in einen Waldweg ein, der schmal ist, aber gern von Radfahrern genutzt wird. Nach gut einem Kilometer ist **Hinrichshagen** nahe der Gaststätte *Schinkenkrug* erreicht. Auf deren Rückseite geht es weiter Richtung Markgrafenheide. Man radelt auf dem gut ausgebauten Radweg, bis es rechts gut ausgeschildert nach Graal-Müritz geht.

Bodden
Ostsee
Klockenhagen
Freilichtmuseum Klockenhagen
Altheide
Neuheide
Infozentrum Wald & Moor
Klein Müritz
Naturschutzkammer und Pilzmuseum
Neu Hirschburg
Jagdschloss Gelbensande
Gelbensande
Willershagen
Blankenhagen
Behnkenhagen
105
Ostseeheilbad Graal-Müritz
Müritz
Rostocker Heide
Meyers Hausstelle
Forst- und Köhlerhof
Rövershagen
Seebrücke
Tour 7 Start
Graal
Torfbrücke
Wiethagen
Niederhagen
Hinrichshagen
Wiedort
NSG
Heiligensee
Hütelmoor
Markgrafenheide
N
1000 m

Reisepraktisches

▼ *Rad fahren, baden oder mit der Tauchgondel die Unterwasserwelt entdecken – der Strand von Zingst bietet Abwechslung*

Klima & Reisezeit

Das Klima an der Ostseeküste ist gemäßigt. Es gilt als ideales Reizklima. Reizklima ist ein Gesundheitsklima mit intensiver Sonneneinstrahlung sowie hohem Salz- und Jodgehalt in der Luft. Der Salz- und Jodgehalt ist an der Ostsee im Verhältnis zur Nordsee geringer und damit verträglicher. Gemäßigtes Klima heißt aber auch: unbeständiges Wetter. Die Sommer können heiß und trocken sein, aber auch kühle und feuchte Perioden haben. Im Winter kann es an der Küste sehr kalt werden – oder auch nicht. Deshalb: Außer im Hochsommer gehören Mütze, Schal und warme Unterwäsche ins Reisegepäck.

Während es in den Sommermonaten vielerorts eher lebendig zugeht, ist die Atmosphäre im Frühjahr und Herbst beschaulicher. Im Winter sind manche Gastbetriebe zeitweise geschlossen. Voll wird es in den Ostseebädern zu Weihnachten und Silvester, dann findet man kurzfristig oftmals nur schwer eine Unterkunft.

Ankommen

Mit dem Auto

Zwei Wege führen auf die Halbinsel. Entweder von Rostock-Ost über die B 105 bis Abzweig Altheide (vor Ribnitz-Damgarten) und weiter in Richtung Fischland. Oder von Süden aus über die A 20 in Richtung Stralsund bis zur Abfahrt Bad Sülze, weiter auf der B 105 bis Abzweig Löbnitz, von dort weiter nach Barth und über die Meiningenbrücke in Richtung Zingst beziehungsweise Darß.

Die Sperrzeiten der **Meiningenbrücke** bei Barth (circa 15 Minuten) sind April–Oktober vormittags um 7.45 und 9.45 Uhr und am Abend um 17.45 und 20 Uhr. An gesetzlichen Feiertagen bestehen keine Sperrzeiten.

Info-Tel. zu den aktuellen Sperrzeiten: (03 82 31) 35 05

Mit Bahn & Bus

Die nächsten Bahnhöfe sind **Ribnitz-Damgarten West** und **Barth.** In Ribnitz-Damgarten West halten RE-Züge und IC-Züge. Nach Barth fährt die

Klimatabelle Fischland-Darß-Zingst

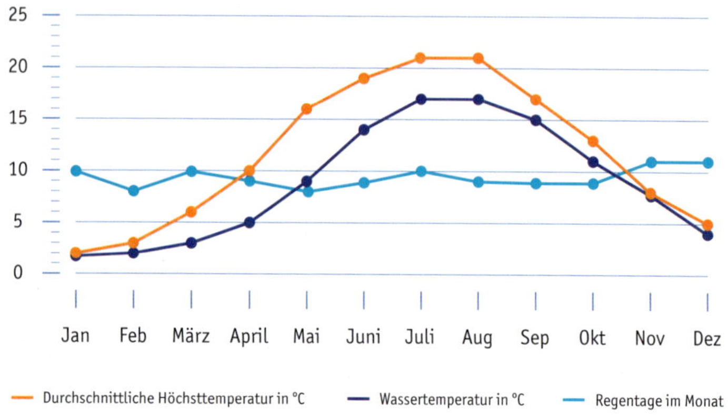

Allee auf dem Darß

Regionalbahn ab Velgast alle 40–80 Minuten. An beiden Bahnhöfen kann man in die **Buslinie 210** umsteigen, die sämtliche Orte auf Fischland-Darß-Zingst anfährt (in der Saison Mo–Fr circa stündlich zwischen 6–20 Uhr, Sa/So circa im 2-Stundentakt, im Winter seltener). Kürzeste Fahrzeit Berlin–Ahrenshoop (inkl. Bus): 3 Stunden 35 Minuten.

Von Köln, Düsseldorf, dem Ruhrgebiet und Osnabrück fahren zwischen Ende März und Anfang Oktober IC-Züge direkt nach Ribnitz-Damgarten West, Velgast (Umsteigen nach Barth) und Stralsund.

Weitere Informationen unter www.bahn.de und zum Buslinienverkehr unter Info-Tel. (03 83 26) 60 08 00 und www.vvr-bus.de

Mit dem Fernbus

Flixbus verkehrt von Berlin ZOB über Graal-Müritz auf das Fischland und weiter über die Darßdörfer nach Zingst (Fahrzeit 4 Stunden 20 Minuten bis Zingst).

Mit dem Fahrrad oder E-Bike

Fischland-Darß-Zingst liegt am Ostseeküstenradweg, der an der ganzen deutschen Ostseeküste entlangführt. Man kann also zum Beispiel von Lübeck-Travemünde aus starten und immer an der Küste entlang bis zum Darß radeln. Von Berlin aus bietet sich der Radweg Berlin-Kopenhagen an, der in Rostock auf den Ostseeküstenradweg trifft. Für die knapp 300 Kilometer sollte man mindestens drei Übernachtungen einkalkulieren.

via Tipp Die schönste Anreise

Der schönste Weg auf den Darß führt mit dem Zug bis zum Ostseeheilbad Graal-Müritz (▸ Seite 123) und von dort weiter mit dem Fahrrad auf dem ausgeschilderten Ostseeküstenradweg über das Fischland auf den Darß. Der Radweg verläuft die meiste Zeit direkt an der Küste und bietet unvergleichliche Ausblicke auf die spektakuläre Ostseelandschaft. Und das alles ohne Stau oder Brückensperrzeiten. Unterwegs kann man im Fischrestaurant *Räucherhaus* im Althäger Hafen (▸ Seite 54) einkehren und den Blick auf den Bodden genießen. Der Urlaub kann beginnen.

Die Fahrt mit der Bahn Berlin–Rostock–Graal-Müritz dauert gut 3 Stunden. Die Fahrzeit mit dem Rad von Graal-Müritz gemütlich bis Ahrenshoop beträgt ca. 1 Stunde 30 Minuten, noch weiter bis Wieck gut 2 Stunden.

Mit dem Schiff

Fähre Barth–Zingst

Verkehrt ab Barth und ab Zingst im Apr., Mai, Sep., Okt. zwischen 11 und 16 Uhr stündlich, von Juni bis August stündlich zwischen 10.30–17.30 Uhr. Fahrtdauer ca. 45 Minuten. Mit Erläuterungen vom Kapitän.

Fahrgastschifffahrt Poschke | Tel. (03 82 34) 2 39 | Fahrradmitnahme möglich | www.fahrgastschifffahrt-fischland-darss-zingst.de

Von Stralsund und Hiddensee nach Zingst

Wöchentlich mehrmals Stralsund–Zingst (Fahrzeit ca. 2 Stunden 30 Minuten) sowie Hiddensee (Vitte)–Zingst.

Reederei Zingst | Tel. (0 38 31) 2 68 10 | www.fahrgastschifffahrt-fischland-darss-zingst.de

Von Ribnitz-Damgarten nach Born, Ahrenshoop und Zingst

Ab Ribnitz-Damgarten von Mai bis Mitte Sep. Di–Sa 14.20 Uhr über Ahrenshoop, Born und Bodstedt nach Zingst. Ab Zingst Mai bis Mitte Sep. Di–Sa (ab Juli auch Mo) 9.30 Uhr über Born und Ahrenshoop nach Ribnitz-Damgarten. Auch hier gilt: Änderungen vorbehalten. Weitere Verbindungszeiten außerhalb der Saison.

Reederei Oswald | Tel. (03 82 32) 1 66 77 oder (01 70) 5 84 16 44

An der Steilküste zwischen Ahrenshoop und Wustrow

Die wichtigsten Rad- und Wanderwege sind deutlich ausgeschildert

Unterwegs auf Fischland-Darß-Zingst

Viele **Wander- und Radwege** durchziehen die Halbinsel. Das flachwellige Land eignet sich hervorragend, um Rad fahrend seine Schönheiten zu entdecken. Das Radwegenetz wurde recht gut ausgebaut. So ist der Fischland-Darß-Zingst-Streckenabschnitt des **Osteeküstenradwegs** sicher einer der schönsten Teilabschnitte der gesamten Fernradroute.

Fahrräder und E-Bikes stehen in allen Ferienorten zum Mieten bereit. Autofahren sollte wo möglich vermieden werden, da die Halbinsel vor allem im Sommer durch den motorisierten Straßenverkehr belastet ist.

Sollte der Gegenwind einmal zu stark sein, kann man in der Sommersaison die meisten **Busse** der Linie 210 auch für den Fahrradtransport nutzen (an Wochentagen annähernd im Stundentakt und am Wochenende circa alle zwei Stunden). Sie nennen sich dann RADzfatz-Busse und nehmen bis zu 12 Räder auf einem speziellen Anhänger mit. Auch die Fahrgastschiffe transportieren in der Regel Fahrräder.

Eindrucksvoll ist der weiß-blau-weiß markierte **Ostseeküstenwanderweg** E 9, der das gesamte Gebiet erschließt. Er verbindet Graal-Müritz, Dierhagen, Wustrow, das Hochufer des Fischlandes, Ahrenshoop, den Darßwald, Prerow, Zingst und Barth.

Übernachten

Das vielfältige Angebot reicht vom Luxus-Resort über Mittelklassehotels bis zur familiengeführten Pension, privaten Zimmern und der Jugendherberge. Auch Ferienhäuser und -wohnungen aller Qualitäten gibt es in großer Zahl. Trotzdem kann es zur Hochsaison schwer sein, kurzfristig ein Zimmer zu bekommen.

Puderzuckersand gibt es an allen Stränden der Halbinsel

Sport & Aktivitäten

Fischland-Darß-Zingst ist ein Ort für Aktivurlauber. Neben Radfahren und Wandern werden vielfältige Wassersportarten angeboten, vom Segeln, Surfen und Stand-up-Paddeln (in Zingst) bis zum Paddeln und Angeln auf dem Bodden. In Born warten auf dem *Gut Darß* ein Klettergarten sowie ein 18-Loch-Natur-Minigolfplatz auf aktive Besucher. In Graal-Müritz und Ribnitz-Damgarten gibt es attraktive Freizeitbäder.

Baden

Fast die ganze Halbinsel wird auf der Meerseite von einem wunderbaren, weißen Sandstrand gesäumt, der flach ins Meer abfällt. In den Ortslagen ist der Strand von der DLRG überwacht. Die malerischsten Stellen liegen bei Ahrenshoop. Einmalig schön und urwüchsig ist der abgelegene, vom Wind zerzauste Darßer Weststrand, der nur zu Fuß oder per Fahrrad erreichbar ist. Endlos dann wieder der Darßer Nordstrand, der sich mit Dünen und feinem Sand die ganze Nordküste entlangzieht.

Die Badesaison beginnt im Juni und endet im September. Die durchschnittliche **Wassertemperatur** beträgt im Juni 14 °C. Im Juli und im August werden mit 17 °C die höchsten Mittelwerte gemessen, im September beträgt die Wassertemperatur noch durchschnittlich 15 °C. Die **Wasserqualität** wird an allen Stränden der Halbinsel als gut bis ausgezeichnet bewertet. Über allen Orten weht die blaue Flagge als Zeichen bester Wasserqualität.

Alle Ostseebäder haben ausgeschilderte Strandabschnitte, die von der **DLRG** überwacht werden. Unbewachte Strandabschnitte sind als solche gekennzeichnet. Beachtet werden sollten unbedingt die Warnbälle an den DLRG-Rettungsstationen:

Ein Badeverbot können zwei oder ein hochgezogener roter Ball signalisieren. Ist der Ball nur halb hochgezogen, bedeutet es in jedem Fall: Badeverbot für Kinder und Nichtschwimmer, Schwimmer sollten dann nur bis zur Brusttiefe ins Wasser gehen.

Zu den regionalen Besonderheiten gehört die Freizügigkeit am Strand. Traditionell sind in Ahrenshoop und am Darßer Weststrand die Grenzen zwischen den sogenannten Textil- und **FKK-Stränden** fließend. Auf eine besondere Abgrenzung wird seit Jahren verzichtet. Ansonsten gibt es in allen Orten ausgewiesene FKK-Zonen.

Im Mai werden in den Ostseebädern hunderte von **Strandkörben** aufgestellt, die im Oktober wieder in den Lagerräumen verstaut werden. Sie werden von privaten Vermietern angeboten, die Preise sind sehr unterschiedlich.

Mit Kindern

Ausgesprochene Familienseebäder sind Dierhagen, Prerow und Zingst. Auch in den anderen Orten ist man gut auf Kinder eingestellt. An Stränden und Promenaden finden sich fantasievolle Spielplätze und an fast jedem Boddenhafen gibt es Spielflächen. Das **Natureum** (▸ Seite 77) am Darßer Weststrand ist mit seiner Naturausstellung, dem Aquarium und dem Leuchtturm ein Highlight. Auch das **Freilichtmuseum Klockenhagen** (▸ Seite 120) ist ein tolles Ausflugsziel für Familien, ebenso der **Vogelpark Marlow** (▸ Seite 121). In Zingst wartet das **Experimentarium** (▸ Seite 92) auf junge Forscher. **Gut Darß** (▸ Seite 65) in Born hat von Spielplatz bis Kletterwald etliche Attraktionen für Kinder. Und dann gibt es noch **Karls Erlebnis-Dorf** (▸ Seite 129). Mit dem Auto fährt man auf dem Weg zum Darß meist direkt daran vorbei, auch die Regionalbahn hält in Rövershagen.

Die meisten Strände sind breit und fallen flach ab – ideal für kleine Badegäste

Wissenswertes von A–Z

Apotheken

Fischland Apotheke
18347 Wustrow |
Ernst-Thälmann-Straße 30 |
Tel. (03 82 20) 2 66

Adler Apotheke
18375 Ostseebad Prerow |
Strandstraße 17 |
Tel. (03 82 33) 6 01 92

Strand-Apotheke
18374 Zingst |
Strandstraße 44 |
Tel. (03 82 32) 1 52 01

Weitere Apotheken in Graal-Müritz, Ribnitz-Damgarten und Barth.

Notfallnummern

Giftnotruf: Tel. (03 61) 73 07 30
Kassenärztlicher Bereitschaftsdienst der Region: 11 61 17
Rettungsdienst: 112
Feuerwehr: 112
Polizei: 110
Pannenhilfe des ADAC:
Tel. (0 18 02) 22 22 22

Nützliche Adressen

Tourismusverband Fischland-Darß-Zingst
18313 Löbnitz | Barther Straße 16 |
Tel. (03 83 24) 64 00 |
www.fischland-darss-zingst.de

Kurtaxe

In der Hochsaison 2 bis 2,80 € pro Tag und Person. Kinder, Rentner und Menschen mit Behinderung zahlen die Hälfte.

Tankstellen

Auf der Halbinsel gibt es zwei Tankstellen: in **Born** und in **Zingst** (Barther Straße).

Weitere Tankmöglichkeiten in Barth, Ribnitz-Damgarten (hier gibt es auch Erdgas), Graal-Müritz sowie zwischen Rövershagen und Mönchhagen an der B 105.

E-Tankstellen:

Dierhagen: Waldstraße, Ostseehotel Dierhagen
Wustrow: Ostseehotel
Ahrenshoop: Edeka, Kurverwaltung, Hotel *The Grand*
Wieck: Darßer Arche, Hotel Haferland
Prerow: Am Hafen, Waldstraße, Hohe Düne
Zingst: Experimentarium, DGzRS
Barth: Yacht-Service, Hagebaumarkt, Reifergang, Edeka Schlicht
Ribnitz-Damgarten: Marienkirche, Autohaus Kleinert
Graal-Müritz: Haus des Gastes

Taxi

Pagels
Ostseebad Dierhagen |
Tel. (03 82 26) 4 28 und
(01 72) 3 10 09 62

Oelke
Ostseebad Zingst |
Tel. (03 82 32) 1 56 10

Taxi-Mietwagen Heuser
Ostseebad Prerow |
Tel. (03 82 33) 4 49

Liebe Leserinnen und Leser,

alle Angaben in diesem Reiseführer sind gewissenhaft geprüft. Trotz gründlicher Recherche unserer Autorinnen und Autoren können sich manchmal Fehler einschleichen. Wir bitten um Verständnis, dass der Verlag dafür keine Haftung übernehmen kann. Über Hinweise, Berichtigungen und Ergänzungsvorschläge freuen wir uns jederzeit:

via reise verlag
Lehderstraße 16–19
13086 Berlin
E-mail: post@viareise.de
www.viareise.de

9. komplett überarbeitete und aktualisierte Neuauflage, Berlin 2022

ISBN 978-3-949138-09-6

Text & Recherche
Maja Kunze, Klaus Scheddel

Recherche, Neubearbeitung und Aktualisierung 2022
Klaus Scheddel

Redaktion
Janna Menke

Layout & Gestaltung
Annelie Krupicka

Umschlaggestaltung
Nino Arndt, Berlin

Kartografie
Tanja Onken, Annelie Krupicka

Druck
Druckhaus Sportflieger, Berlin

MIX
Papier aus verantwortungsvollen Quellen
FSC www.fsc.org FSC® C104586

Fotos
Klaus Scheddel, außer:
Amt für Wirtschaft, Tourismus und Forst Ribnitz-Damgarten 28, 113, 115, 119; Angelika Bentin/Fotolia 120; aro49/Fotolia 116; Barther Bier 144; Bernd Rehorst/Fotolia 22; Bernd Rickelt 71; BjörnBuxbaum-Conradi/stock.adobe.com 5 mittig; Brigitte Wegner/stock.adobe.com 136; Darßer Manufructur 144; dieter76/stock.adobe.com 26, 30; dina/stock.adobe.com 78; Frank Luerweg/Shutterstock.com 12; Friedemann Löber/Atelier im Dornenhaus 144 (Fischlandkeramik); Gemeinfrei 11, 19, 20, 25, 26, 121; Gut Darß 65; Haiderose/Fotolia 4 unten; Ina Meer Sommer/Shutterstock.com 137; jackijack/Fotolia 17; Jenny Sturm/Fotolia 90; kama71/Fotolia 111; Kurverwaltung Dierhagen 32; Maja Kunze 5 unten; 41, 49, 61, 70, 72, 118; Majonit/Shutterstock.com 93; marcus_hofmann/stock.adobe.com 58, 73, 79; pure-life-pictures/Fotolia 132; reindesign-sn/Fotolia 129; Rico Ködder/stock.adobe.com 112; ricok/Shutterstock.com 98; Sina Ettmer/Fotolia 8; Stadt Barth 108; tobiasott/stock.adobe.com 15; Tourismusverband Fischland-Darß-Zingst (Jürgen Engler) 6–7, 76, 89, 102, 135, 139; Uta Erichson 144 (Fischlandschmuck)

Umschlag vorn
Am Strand in Ahrenshoop
(Sina Ettmer/stock.adobe.com)

Umschlagklappe hinten
Am Darßer Weststrand
(autofocus67/Fotolia)

Umschlag hinten
Am Boddenhafen in Althagen
(RicoK/Clipdealer)

Kartenregister

Übersichtskarten

Ortspläne

Tourenkarten

Kartensymbole

- Sehenswürdigkeit auf dem Ortsspaziergang
- Übernachten
- Essen & Trinken
- Route
- Sehenswürdigkeit
- Tourist-Information
- Strand, Badestelle
- Aussichtspunkt
- Parkplatz
- Kirche
- Haltestelle
- Leuchtturm
- Hafen
- Flugplatz
- Bank
- Tankstelle
- Bahnlinie mit Bahnhof

Fischland-Darß-Zingst zum Mitnehmen

Fischlandschmuck

Traditioneller, in Silber eingefasster Bernsteinschmuck mit Meeresmotiven – das ist Fischlandschmuck. 1932 von Walter Kramer entwickelt, werden die fein geschliffenen Schmuckstücke heute von der Galerie E in Ribnitz-Damgarten hergestellt.

18311 Ribnitz-Damgarten | Bernstein Galerie E | Klosterstraße 8 | www.bernstein-galerie.de

Fischlandkeramik

In der Töpferwerkstatt von Friedemann Löber im Ahrenshooper Dornenhaus, das auch Galerie ist, entsteht in aufwendiger Aufglasurmalerei mit Ritztechnik die traditionelle, dekorative Gebrauchskeramik.

18347 Ahrenshoop | Bernhard-Seitz-Weg 1 | www.dornenhaus.de

Sanddornprodukte

Aufstriche, Konfitüren, Säfte und Liköre: In der Darßer Manufructur in Wieck wird Leckeres aus Sanddorn hergestellt. Eine große Auswahl findet man auch im Ladencafé in Wustrow.

18375 Wieck | Darßer Manufructur | Kargweg 4 | Ladencafé: Ernst-Thälmann-Straße 4a | 18347 Wustrow | www.darsser-manufructur-neu.de

Barther Bier

Barther Pils, Barther Bernstein, Ritter Alkun Schwarzbier: Diese und weitere Bierspezialitäten von Axel Haamann gibt es nur in Kneipen und wenigen Läden rund um die Vinetastadt.

18356 Barth | Barther Brauerei | Am Betonwerk 6 | Tel. (03 82 31) 45 00 52 | Werksverkauf mit Verkostung Mo–Sa, auch Brauereiführung möglich